안중근 평전

구국의 별, 평화의 횃불

안중근 평전

이창호 지음

國家安危
勞心焦思

벗나래

차례

"내가 죽은 뒤에
나의 뼈를 하얼빈 공원 곁에 묻어두었다가
우리 국권이 회복되거든
고국으로 반장해다오.
나는 천국에 가서도 또한
마땅히 우리나라의 회복을 위해 힘쓸 것이다.
너희들은 돌아가서 동포들에게
각각 모두 나라의 책임을 지고
국민된 의무를 다하며
마음을 같이 하고 힘을 합하여
공로를 세우고
업을 이루도록 일러다오.
대한독립의 소리가 천국에 들려오면
나는 마땅히 춤추며 만세를 부를 것이다"

- 안중근의 마지막 유언 中

영웅 안중근,
그 정신적 계승을 위하여

1909년 10월 26일, 하얼빈에는 네 발의 총성과 함께 한 장부의 외침이 울려 퍼졌다.

"코레아, 우라!(대한민국 만세) 코레아, 우라!(대한민국 만세) 코레아, 우라!(대한민국 만세)"

총성과 함께, 러시아 재무장관과 회담하기 위해 하얼빈에 왔던 이토 히로부미는 그대로 쓰러졌다. 장부는 곧바로 러시아 공안들에게 체포되었으며, 곧 일본 정부로 인도되었다. 일본 법정에서 재판을 받아 사형선고를 받기까지 일본 정부는 기민하게 움직였다. 결국 1910년 3월 26일, 그는 처형되어 형장의 이슬로 사라졌다.

그가 바로 우리 민족의 횃불 같은 정신으로 남은 영웅 안중근이다. 1879년 9월 2일, 북두칠성의 정기를 받아 태어난 안중근은 일본의 압제에도 굴하지 않고 우리나라의 독립을 위해 몸과 마음을 불태운 민족 정신의 표상이다.

안중근은 일본 법정에서 자신의 항거가 단순한 살인이 아닌 독립전쟁의 일환으로 받아들여지기를, 즉 만국공법(萬國公法)의 적용을 강력히 요청했다. 그리고 그는 체포되어 처형되기까지 재판 과정에서 재판소 내의 어떤 억압에도 이토 히로부미를 죽인 이유를 다음과 같이 위풍당당히 밝혔다.

1. 대한제국 명성황후를 시해한 죄

2. 대한제국 고종황제를 폐위시킨 죄

3. 5조약과 7조약을 강제로 맺은 죄

4. 무고한 한국인들을 학살한 죄

5. 국권을 강제로 빼앗은 죄

6. 철도, 광산, 산림, 천택을 강제로 빼앗은 죄

7. 제일은행권 지폐를 강제로 사용한 죄

8. 대한제국 군대를 해산시킨 죄

9. 교육을 방해한 죄

10. 대한인들의 외국 유학을 금지시킨 죄

11. 교과서를 압수하여 불태워 버린 죄

12. 대한인이 일본인의 보호를 받고자 한다고 세계에 거짓말을 퍼뜨린 죄

13. 대한제국과 일본 사이에 싸움이 쉬지 않고 살육이 끊이지 않는데, 대한제국을 태평무사한 것처럼 위로 천황을 속인 죄

14. 동양 평화를 깨뜨린 죄

15. 일본 천황의 아버지 태황제를 죽인 죄

안중근은 고등법원장을 면담한 자리에서 한 국가의 독립을 위한 의병장으로서의 행동을 살인으로 심리한 것에 대해 이의를 제기하기도 하였다. 강권으로 빼앗은 우리의 땅을 되찾기 위해 방아쇠를 당겼던 안중근. 그는 그 어떤 경우라도 기죽거나 굴하지 않았다.

당시 안중근이 체포되었다는 소식이 전해지자 국내외에서는 안중근의 석방을 위해 변호사비 모금운동이 일었다. 하지만 일본은 그들의 관선 변호사를 선임하는 등 안중근의 석방을 철저하게 막았다.

그렇게 안중근은 일본의 처참한 칼날 아래 쓰러져 갔다. 안중근의 사형이 집행되던 날 밤, 뤼순 감옥 뒤 죄수 묘지에 아무렇게나 그의 시신은 매장되었다. 이후 많은 이들이 안중근의 유해를 찾고자 노력했으나 아직까지도 그의 유해를 찾지 못하고 있다.

여기서 한 가지 질문을 던져 보자. 독실한 천주교 신자였던 안중근은 왜 방아쇠를 당겨 이토 히로부미를 처단해야 했을까? 일본의 법정에서 스스로를 평화주의자라고 주장한 안중근은 과연 자신의 말대로 평화를 위해 방아쇠를 당겼던 것일까?

이 물음에 답하기 위해서는 조선의 당시 상황을 이해해야 한다. 당

시 조선은 한 치 앞도 내다볼 수 없는 위태로운 처지였다. 나라 밖으로는 동서양의 강대국들이 무력을 앞세워 틈만 나면 조선을 삼키려고 눈을 번뜩였고, 나라 안에서는 관리가 부정부패를 저지르고 사리사욕을 채우는 일이 다반사여서 백성들이 마음 편히 생업이나 학업에 힘쓸 처지가 못되었다.

먼저 안중근은 이와 같은 조선의 상황을 타개하기 위해 백성들을 깨우쳐야 한다고 생각했다. 그가 택한 방법은 백성을 위한 계몽책이었다. 그는 자신의 사비를 모두 털어 삼흥학교를 세우는가 하면, 이후 천주교 계열의 돈의학교를 인수하기도 하였다. 안중근은 백성을 계몽해야 벼랑 끝에 선 조선의 미래를 구해 낼 수 있다고 생각했던 것이다.

하지만 이 같은 계몽책만으로는 부족했다. 일본의 만행은 점점 극에 달해 갔으며 조선의 미래는 끝을 알 수 없는 벼랑 아래로 치닫게 되었다. 조선은 식민주의라는 거대한 폭풍우에 휘말리고 만 것이다.

그런 상황에서 안중근이 택할 수 있는 방법은 단 하나, 당시 식민주의 일본의 원흉인 이토 히로부미를 제거하는 방법밖에 없었다. 결국 그가 선택한 최후책은 성공했다. 그는 하얼빈 역에서 이토 히로부미를 향해 총부리를 겨누었으며, 이토 히로부미라는 거대한 식민주의의 상징은 이슬로 사라졌다.

이후 일본 정부에 넘겨진 안중근은, 서릿발 같은 추위가 몰아치는 감옥에서 미완이긴 하나 『동양평화론』을 저술하게 된다. 이 책에서 안중근은 먼저 일본이 3국 간섭으로 인해 차지하고 있던 뤼순을 청나라에 돌려주어야 한다고 주장했다. 또 뤼순을 한·중·일이 공동으로 관리하는 군항으로 만들어 세 나라에서 대표를 파견하고 평화회의를 조직해야 한다고 말했다. 그리고 3국 청년으로 구성된 군단을 편성하고, 이들에게 2개국 이상의 언어를 배우게 하며, 은행을 설립하고 공용 화폐를 만들자고 주장했다.

말하자면 지금의 유럽연합과 같은 공동체를 당시 동양에 설립하자는 의견이었다. 당시 안중근은 우리 민족과 동양의 평화를 사랑한, 먼 미래를 내다보는 혜안을 가졌던 것이다. 그렇게 본다면 안중근은 일본의 주장대로 살인을 저지른 죄인이 아니라, 이토 히로부미라는 민족과 동양의 공동 원흉을 제거한 평화주의자였던 것이다.

그렇다면 안중근이 일본의 포악 속에서 숨진 지 100여 년이 지난 지금, 국내외의 정세는 어떠한가. 나라 밖으로는 여전히 외세의 거대한 손아귀에서 벗어나지 못하고 있으며, 안으로는 편을 가르는 정치 싸움에 혈안이 되어 있다. 정치, 사회, 문화 할 것 없이 그 빛을 잃어 가고 있는 것이 오늘날의 현실이다.

지금은 무엇보다 복잡다단한 현실을 직시하고 잃어버린 시대의 빛을 찾아야 할 때다. 차가운 감옥 바닥에서 아스라이 사라져간 안중근이 그토록 바라던 우리 민족의 모습은 과연 무엇이었을까?

"각각 모두 나라의 책임을 지고 국민된 의무를 다하며 마음을 같이 하고 힘을 합하여 공로를 세우고 업을 이루도록" 독려한 그의 바람은, 지금 우리 시대의 커다란 목표이자 구심점이 되어야 한다. 자신의 손가락을 잘라서라도 그 뜻을 세워야 했던 안중근의 정신이 간절한 현실이다. 우리나라 국민들이 자유와 평화를 누리고 사는 미래를 꿈꾸었던 안중근, 동양 여러 나라들이 힘을 합쳐 단합하는 미래를 꿈꾸고, 이를 실현하기 위해 선구자적 혜안으로 그 과제를 몸소 실천한 안중근. 그는 우리의 정신과 역사에 '평화 수호의 상징'으로 길이길이 남을 것이다.

파주 동네에서

竹香 李昌虎

1장

북두칠성을 등에 새긴 아이

國家安危
勞心焦思

북두칠성의 정기를 받아 태어나다

    1879년 9월 2일, 황해도 해주부 수양산 아래 광석동에는 신성한 기운이 흐르고 있었다. 이미 자정을 넘긴 시간, 한 사내가 집 뜰을 불안하게 서성이고 있었다. 사내의 이름은 안태훈이었다(박은식, 1979).

    "왜 이리 아무 소식이 없단 말인가?"

    안태훈은 두 손을 모아 비벼대며 연신 중얼거렸다.

▼ 안중근의 고향 황해도 해주 수양산 아래 광석동

"벌써 몇 시간째인데……."

그는 밤하늘을 올려다보았다. 새벽으로 향하는 밤하늘은 총총하게 빛나는 별빛으로 인해 영롱한 기운마저 어려 있었다.

그렇게 기다리기를 한참. 그를 향해 다급히 하인이 달려왔다.

"나리, 아드님이십니다!"

안태훈의 얼굴에 금세 반색이 돌았다.

"그래? 마님은 좀 어떠하시더냐?"

"마님도, 도련님도 모두 건강하십니다."

안태훈은 크게 기뻐하며 말했다.

"이 모두가 하늘이 도운 것이로구나. 그래, 참으로 잘 되었다."

그때였다. 하인이 고개를 갸웃거리며 말했다.

"그런데 말입니다요, 그게 좀 이상한 것이……."

"왜? 무엇 때문에 그러느냐?"

하인은 한참을 망설이다 입을 열었다.

"그것이 말입니다요, 도련님 가슴과 배에 이상한 것이……."

안태훈의 두 눈이 휘둥그레졌다.

"무엇이 이상하다는 것이냐?"

"도련님 가슴과 배에 이상한 점이 7개가 있습니다. 그리고 그 모양이 마치 북두칠성을 닮아 있었습니다."

안태훈은 잠시 생각에 잠겼다.

"북두칠성 모양의 7개의 점이라……."

그는 천천히 밤하늘을 올려다보았다. 밤하늘을 수놓은 별들이 반짝이며 영롱한 빛을 발하고 있었다.

"그래, 그런 것이로구나. 오늘 태어난 이 아이는 북두칠성의 정기를 받아 태어난 것이다. 하늘의 기운을 받은 것이야."

안태훈의 얼굴에 기쁜 기색이 번졌다.

"장차 이 아이는 큰일을 할 인물이 분명하다. 가슴과 배에 7개의 점이 있으니, 이 아이의 이름을 응할 응, 일곱 칠을 써서 응칠(應七)로 지어야겠다."

이렇게 북두칠성의 정기를 받아 태어난 아이가 바로 안중근이었다. 응칠은 안중근의 아명으로 북두칠성의 기운을 따른다는 뜻이 담겨 있었다. 훗날 하얼빈 역에서 민족의 적, 이토 히로부미(伊藤博文)를 암살한 안중근은, 뒷날 집필한 자서전 『안응칠 역사』에서 다음과 같이 밝히고 있다.

"나의 성은 안(安)이요, 이름은 중근, 어릴 때의 이름은 응칠이다.
나의 타고난 성질이 가볍고 급한 듯하여 이름을 중근이라 짓고,
가슴과 배에 7개의 검은 점이 있어 어릴 적 이름을 응칠이라 하였
다 한다."

이렇듯 안중근은 하늘의 뜻을 온몸에 새긴 채로 태어났던 것이다(박은식, 1979).

폭풍 전야의 조선 정세 속,
폭풍의 눈 같던 아이

안중근이 태어날 당시 조선의 상황을 간략하게 살펴보자. 안중근이
출생하기 3년 전인 1876년 2월 27일에는 일본과 조선의 불평등 조약인

▼ 강화도 조약

강화도조약이 체결되어 개항장에 일본 거류민의 거주 지역이 설정되고, 일본 화폐가 유통되었다(신운용, 1993).

강화도조약은 조선과 일본 사이에 체결된 통상 조약으로, 한일수호조약 또는 병자수호조약 등으로 부르기도 한다. 흔히 강화도조약이라 하지만 정식 명칭은 조일수호조규다. 이 조약은 한일 관계에서 중요한 의의가 있으며, 근대 국제법의 토대 위에서 맺은 최초의 조약이다. 그러나 일본의 강압과 위협으로 맺어진 불평등 조약으로 당시 백성들 사이에서는 커다란 반발을 불러왔다.

"아이고, 못살겠네. 저 일본 놈들이 강화도조약이니 뭐니 하는 것을 내세워 우리 것을 무조건 빼앗아 가니 이를 어찌하면 좋단 말인가?"

"그렇게 말일세. 일본 놈들이 우리 집에서 장독에 고이 숨겨둔 쌀마저 싹싹 긁어가 버려서 지금 우리 식구들은 굶기를 밥 먹듯이 한다네."

"그뿐인 줄 아는가? 마치 저네들이 우리 상전이라도 되는 듯 못되게 굴면서 걸핏하면 조선인을 매질하기 일쑤니, 정말이지 나라 꼴이 어찌 되려 하는지……."

이와 함께 강화도조약으로 인해 쌀을 비롯한 양곡이 일본으로 무제한 유출되면서 조선 백성들은 심한 식량난을 겪게 되었다. 얼마 뒤 전국에 방곡령(防穀令)이 내려졌지만, 여러 곳의 항구에서 일본으로 공공연히 쌀이 유출되었다.

전국 각지에서는 명화적(明火賊)이 출몰하기도 했다. 명화적이란, 19세기 후반에 집중적으로 발생한 강도 집단 혹은 떼강도를 말한다. 명화적은 화적(火賊)이라 불리기도 했는데, 이러한 명칭은 그들이 약탈할 때 주로 횃불을 들고 다녔다는 점, 약탈 방법이 대체로 불을 가지고 공격했다는 점과 관련이 있다.

명화적의 주요 구성원은 행상·승려·행걸과 고용·투탁 등에 종사하던 자들로, 대부분이 유민화한 빈농이나 무토지민이었다. 약탈 대상은 주로 봉건지주·관료·여각·객주 그리고 지방관청의 중앙상납 조세였다. 이들은 탐관오리들의 착취로 생활이 어려워지자 땅을 버리고 수십 명씩 모여 산속으로 들어가 밤이면 횃불을 들고 관청을 습격했다.

"자, 새벽 동이 트기 전에 모조리 빼앗아라! 관청에 쌓여 있는 곡식과 재물들은 본디 우리들의 것이었거늘! 하나도 남김없이 모두 쓸어 담자!"

이처럼 명화적의 활동이 장기화·광역화되고, 그에 따라 도로가 끊어지고 장시(場市)가 텅 비어 폐허가 될 지경에 이르자 정부에서도 대처 방안을 모색하게 되었다.

또 당시에는 명화적에 이어 동학의 남은 세력과 을미의병의 잔여 세력이 결합한 영학당(英學黨)이라는 무리도 나타났다. 영학당은 동학당(東學黨)의 잔여 세력들이 1898년 전라도 지역에서 '동학' 대신 '영학'이라는 이름을 사용하여 재건한 조직이다. 이들이 '영학'이란 명칭을 사용한 것은 그들이 신봉하는 종교가 영학, 즉 영국의 종교인 것처럼 위장하여 정부의 탄압을 피하기 위해서였다. 이 같은 위장을 위해 한때 영국인 선교사를 초빙하여 설교 집회를 가지기도 하였다. 영학당은 농민들을 이끌고 봉기하여 백성들을 착취하는 군수를 내쫓는 등 한때 큰 세력을 이루기도 했다(김삼웅, 2008).

안중근이 태어난 해에는 일본에서 전파된 콜레라가 전국에 만연하기도 했다. 콜레라로 인해 백성들의 생활은 더욱 피폐해졌으며 많은 이들이 콜레라로 목숨을 잃었다. 마을과 마을은 이 전염병으로 인해 텅 비어 가기도 했다.

이듬해에는 최시형이 동학을 창도한 최제우의 유문(遺文)을 모아 정리한『동경대전』이 간행되었다. 동학의 제2대 교주인 최시형은 1880년 5월 9일에 경전인간소(經典印刊所)를 강원도 인제군 남면 갑둔리에 설치하여 그해 6월 14일에『동경대전』을 완간하였다.『동경대전』은 한국 근대 신종교의 최초 경전으로 유·불·선과 민간신앙의 요소가 통일적으로 결합되었고, 그 후 여러 신종교 사상의 본보기가 되었다(『한국독립운동사』, 1999).

안중근이 세 살 되던 해에는 임오군란이 발생하고 대원군 이하응이 청나라 군대에 납치되어 천진으로 호송되었다. 임오군란이란, 1882년 강화도조약 체결 이후 일본의 후원으로 조직한 신식군대인 별기군과의 차별 대우, 봉급미 연체와 불량미 지급에 대한 불만 및 분노로 옛 훈련도감 소속의 구식 군인들이 일으킨 병란 및 항쟁을 말한다.

1873년 이래 대궐에서 사용되는 비용은 끝이 없었다. 호조나 선혜청에 저축해 온 것 모두가 바닥나 경관의 월급도 제대로 지급하지 못했으며, 5영 군사들도 자주 급식을 받지 못했다. 개화정책의 추진 과정에서 5영을 파하고 2영으로 개편했는데, 이때 쫓겨난 노약자들은 갈 곳이 없었다. 그래서 이들은 무력으로 난을 일으킬 것을 모의하였다. 10년간 월급이 체불되었고, 나중에는 군대에서 쫓겨나게 되자 사람들의 분노와 불만은 극에 달했다(『한국독립운동사』, 1999).

"10년간 몸 바쳐 일한 결과가 겨우 이런 것이란 말인가? 이대로는 안 된다. 우리가 나서서 바꾸어야 한다!"

열악한 재정 상황과 동시에 전임 선혜청 당상인 김보현, 당시 선혜청 당상인 민겸호, 선혜청 창고지기인 민겸호 댁 하인의 착복과 축재 사실이 병사들에게 드러나면서 이들은 난을 일으키고, 급기야는 민겸호, 김보현, 흥인군까지 이들에 의해 살해되었다. 전란 초반에는 우발적 성격이 짙었으나, 조정이 민겸호 등을 옹호하면서 병사들의 감정은 격화되었다. 나중에는 흥선대원군의 지시를 받아 민 씨 정권에 대항하면서 일본 세력에 대한 배척운동으로까지 확대되었다.

이 해에는 제물포조약이 체결되면서 일본의 침략과 압박이 점점 가중되기도 하였다. 임오군란 이후 청·일 양군의 한성 진주와 흥선대원군의 청국 납치 문제 등이 민 씨 정권의 재집권에 따라 일단락되었다. 이후 군란의 뒤처리를 위한 조·청·일 3국의 절충 협의가 다각도로 벌어졌다. 일본은 군란 때 일본 세력의 조선 침투에 민족적 의분을 품고 있던 병사들과 시민들에 의해 공사관이 습격당했고, 별기군 교관 호리모토(堀本禮造) 등 여러 명이 살해당하는 피해를 입었다.

위안스카이(袁世凱)가 이끄는 청군 3,000명이 한성에 진주하면서 청국의 정치적 영향은 커졌다. 이로 인해 조선에서의 일본 세력은 일시에 후퇴를 강요당하는 지경에 몰렸다. 이에 일본은 피해 보상과 거류민 보호를 내세우면서 무력을 배경으로 교섭을 추진하였다. 일본은 정치력을 조선에 재침투하기 위한 교섭의 담당자로 전권위원인 하나부사(花房義質) 공사를 다시 조선에 파견하였다. 그리고 이노우에(井上馨)를 조선에서 가까운 시모노세키에 출장시켜 하나부사의 교섭을 지휘하게 하였다. 하나부사는 '조선 정부와의 담판에 관한 훈령'과 '조선 정부와의 담판에 관한 내훈'을 받아 다수의 군사력을 대동하여, 제물포를 거쳐 한성에 들어와서 7개 조항의 요구를 제시하였다(강만길, 1984).

조선 정부는 봉조하 이유원을 전권대신으로, 공조참판 김홍집을 부관으로 임명해 제물포에서 일본과 회담하도록 하였다. 회담은 일본 군함 히에이(比叡) 함상에서 삼엄한 분위기 속에 진행되었다. 교섭 3일 만에 조선 측 요구에 의해 대구·함흥 개시(開市)를 삭제하고, 공사관 호위병 수를 일부 수정하는 것을 제외하고는 일본 측 요구대로 6개 조항의 제물포조약을 조인하였다.

이 조약은 임오군란의 뒤처리를 위한 것이었지만, 이때 조선에서의 상권을 보다 확고히 다지려는 일본의 요구가 관철되어 제물포조약과 따로 수호조규속약이 체결되었다. 이처럼 안중근은 국내외 정세가 급박하게 돌아가던 폭풍 전야에 태어났던 것이다.

안중근의 명망 높은 가계

안중근의 할아버지인 안인수는 진해 명예헌감을 지냈으며, 가문은 지방 무반 호족으로 대대로 해주에서 세력과 명망을 이어 온 집안이었다. 본관은 순흥이고, 고려 때의 유명한 유학자 안향의 26대손이다. 안중근의 아버지 안태훈은 성균진사를 지냈으며, 어머니는 백천(白川) 조씨, 조 마리아였다.

안중근의 아버지 안태훈은 어릴 때부터 신동이라는 말을 들으며 자랄 만큼 영특한 인물로 알려져 있다. 대한민국 임시정부 제2대 대통령을 지낸 사학자 박은식은 안태훈에 대해 이렇게 언급했다.

"17세 때인 1875년에 『사서삼경』과 『제자서』를 섭렵하고 개연히 분말하여 말하기를, 이 외에 어찌 경세지학(經世之學)이 없으리오,

▼ 안중근 의사 가계도

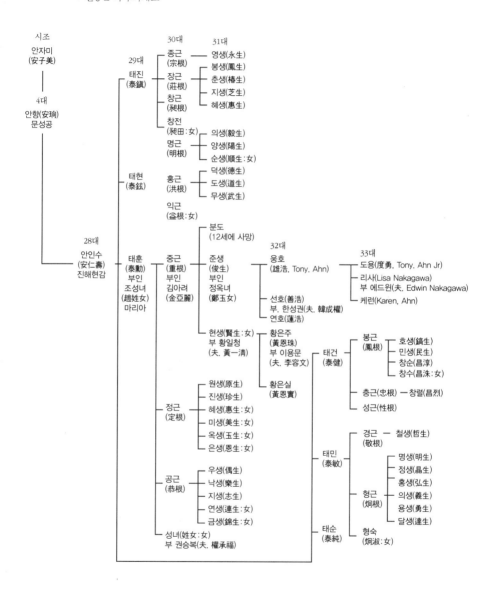

하고 고향을 떠나 의사 안중근 씨의 부친 안태훈과 더불어 교유(交遊)하여 문장이 대성하니 도내 양 신동이라 칭하였다."

안태훈은 전통적인 무반 가문에서 과거에 응시해 급제하고 성균진사가 되었다. 그리고 조성녀를 아내로 맞아 3남 1녀를 두었다.

그는 일찍부터 개화사상을 받아들여 개화파 박영효 등이 준걸한 젊은이 70여 명을 선발하여 일본에 파견하려 할 때 유학생 가운데 한 명으로 뽑히기도 했다. 안태훈은 개화 인사들과 관계를 맺었을 뿐 아니라 개화 성향을 지닌 인물이었다.

1881년 이후 고종의 개화정책과 조선책략, 이언 등에 실린 현실개혁론의 영향으로 조선사상계에는 동도서기론이 크게 유행했다. 동도서기론은 유교적 질서를 지키는 가운데, 서양의 우수한 군사·과학기술을 수용함으로써 국가체제를 유지하고자 하는 것이 그 내용이다. 여기서 도(道)와 기(器)는 성리학의 이(理)와 기(氣)에 해당되는 것으로, 이(理)가 우위에 서게 된다. 따라서 중점은 '도(道)'에 두게 되므로, 기존 체제를 유지하고자 하는 측면이 더 강하다고 할 수 있다.

구한말에 전개된 동도서기론은 그 시대적 상황을 고려할 때 개화사상과 밀접한 관련이 있다. 동도서기론과 개화사상은 근원적으로 북학파의 이용후생·부국강병 사상을 모체로 하고, 이를 통해 근대화와 국가 독립 유지를 목표로 한다는 점에서 일치한다. 하지만 개화정책의 노선과 그 추진방법 등에서는 차이점을 가지고 있었다. 따라서 두 사상의 관계를 완전히 구별되는 것으로 보기도 하고, 동도서기론을 개화사상의 한 분파로 이해하여 동도서기론과 개화사상이 각각 점진적·급진적 개화사상으로 분화한다고 보기도 한다. 또한 개화사상을 전후 발전 단계로 파악하여 동도서기론이 변법적 개화사상으로 발전해 간다고 보기도 한다.

안중근이 6세 때인 1884년에, 안태훈 일가는 해주를 떠나 신천군 두라면 천봉산 아래의 청계동으로 이사를 했다. 청계동은 삼면이 병풍처럼 산으로 둘러싸인 천연 요새였다. 안중근은 그의 자서전 『안응칠역사』에서 그 당시를 이렇게 회고했다.

"집안 살림을 모두 팔아 재산을 정리한 다음, 마차를 준비하여 7~80명이나 되는 대가족을 이끌고 신천군 청계동 산중으로 이사를 갔다. 그곳은 비록 지형은 험준하나 기름진 논밭이 있고, 산수 경치가 아름다워 그야말로 별천지라고 할 만했다. 그때 나이는 예닐곱 살이었다."

안태훈 일가가 청계동으로 이사한 데는 특별한 이유가 있었다. 어느 날, 박영효와 김옥균이 청나라에 바치던 조공을 없애고, 신분제도를 폐지하여 능력에 따라 관리를 임명하며, 관리의 부정을 막고, 백성을 보호한다는 등의 14가지 개혁안을 내세우며 갑신년에 정변을 일으켰기 때문이다. 갑신정변은 1884년 12월 4일 김옥균·박영효·서재필·서광범·홍영식 등 개화당이 청나라에 의존하려는 척족 중심의 수구당을 몰아내고 개화정권을 수립하려 한 무력 정변(쿠데타)이다. 진압 후에 갑신난, 갑신전란으로 불리다가 대한민국 임시정부에서는 이를 '갑신혁명당의 난(甲申革命黨의 亂)'이라 불렀다(강만길, 1984).

그들은 12월 4일 저녁의 우정국 낙성식을 계기로 정변을 일으켜 고종 내외를 경운궁으로 피신시킨 뒤 민 씨 척족들을 축출하거나 일부 처형하고 12월 6일 오후, 중국 간섭 배제, 문벌과 신분제 타파, 능력에 따른 인재 등용, 인민 평등권 확립, 조세제도 등의 개혁정책을 내놓았다. 개화파가 당시에 내놓은 정책 중 현재 전하는 기록은 14개 조항이나, 일설에는 80개 조항이 있었다는 견해도 있다. 그러나 12월 4일 민 씨 정권은 이미 위안스카이에게 구원을 요청하여 청나라 군대를 불러들였고, 명성황후는 창덕궁으로 되돌아갈 것을 주장하여 창덕궁으로 환궁했다.

결국 1884년 12월 7일 오후 청나라 군대가 들어왔고, 갑신정변은 치밀하지 못한 준비로 3일 만에 진압되었다. 갑신정변은 청년 지식층에 의한 계몽성 개혁이라는 평가와 함께 민중의 지지를 얻지 못한 점과 준비 미숙으로 실패했다는 비판이 상존하고 있다.

그해 12월 말 조선 조정에서는 예조참판 서상우 등을 특차전권대사로 파견, 갑신정변 과정에서 일본 측의 개입을 문제 삼았다가 오히려 한성조약을 체결하게 된다. 갑신정변은 갑신의거, 갑신사태, 갑신봉기

등으로 부르기도 하며, 그 밖에 '3일 천하', '3일 혁명' 등으로도 부르기도 한다.

갑신정변 후 개화 성향의 안태훈이 급진 개화파의 거두 박영효와의 관련 혐의 때문에 피난처를 물색하다가 안중근 일가는 이사를 하게 된다. 박영효 사건이 터진 후의 일이었다. 하루는 근심 가득한 얼굴로 안태훈이 아버지 안인수에게 말했다(박은식, 1975).

"아버님, 지금은 나랏일이 날로 잘못되어 가고 있습니다. 이러한 때에 부귀공명(富貴光明)은 바랄 것이 못됩니다."

"그렇다면 네 생각은 어떠하냐? 우리가 앞으로 어찌하면 좋겠느냐?"

"차라리 산중에 은거하는 것이 어떻겠습니까? 일찌감치 깊은 산에 들어가 구름을 일구고 달이나 낚으면서 세상을 마치는 것보다 더 나은 일이 있을 것 같지 않습니다."

안인수는 아들 안태훈의 말을 듣고 잠시 생각에 잠겼다. 그리곤 잠시 후 입을 열었다.

"네 생각이 정 그러하다면 네 뜻대로 하자꾸나. 지금은 무엇보다도 식구들의 안위가 최우선이 되어야 하는 시기인 것 같구나."

이후 안태훈 일가는 청계동으로 이사하기에 이른다. 안중근의 할아버지인 안인수는 갑신정변의 실패로 개화파들이 수난을 겪게 되면서 가장 영특한 아들인 안태훈을 보호하고자 피난처를 물색하고 천연의 요새인 청계동으로 이주하게 되었다.

상무적 기상이 남달랐던 어린 시절

안중근은 비교적 유복하게 어린 시절을 보냈던 것으로 여겨진다. 할아버지 안인수와 아버지 안태훈이 일찍부터 깨어 있는 분들이었고, 생활도 넉넉한 편이었기 때문이다.

안중근은 자신의 어린 시절에 대해 이렇게 회상한다(박은식, 1979).

"그곳에서 나는 할아버님과 할머님의 사랑을 받으며 자랐다. 그러다가 한문학교에 들어갔으나 8~9년 동안에 겨우 보통 한문을 깨우칠 뿐이었다. 열네 살 되던 해에 할아버님께서 돌아가셨다. 나는 사랑하고 길러주신 할아버님의 정을 잊을 수가 없어 너무 슬퍼한 나머지 병을 얻어 심하게 앓다가 반년이나 지난 뒤에야 겨우 회복되었다."

안중근은 할아버지에 대한 효심이 대단히 깊었던 인물이었던 것으로 보인다. 예로부터 충신 집안에 효자가 나고 효자 집안에 충신이 난다는 말이 전해지는데, 안중근의 경우에서 이를 다시금 확인하게 된다. 안중근은 글공부에는 그다지 큰 두각을 나타내지 못한 것으로 여겨진다. 대신 안중근은 사냥과 말타기를 즐겨 하고, 무예를 익히는 일에 열중했다. 무과 급제자만 7명을 배출한 무반 가문의 혈통을 타고났기 때문일 것이다.

특히 안중근은 어려서부터 사냥을 즐겨 사냥꾼을 따라다니며 산과 들에서 뛰노는 것을 좋아했다. 차츰 성장해서는 총을 메고 산에 올라 새와 짐승들을 쫓아다니며 사냥을 하느라고 학업은 뒷전이었다. 이에 그의 부모와 선생들이 크게 꾸짖어도 안중근은 쉽사리 말을 듣지 않았다고 한다.

안중근이 아직 어렸을 때의 일이다. 어느 날 친구 여럿이 안중근을 찾아왔다. 그들은 하루가 멀다 하고 사냥을 다니는 안중근을 향해 이렇게 말했다.

"너희 부친은 문장으로 세상에 이름을 떨쳤는데, 너는 어째서 무식한 하등인이 되려고 하느냐? 지금이라도 글공부에 전념해야 하지 않겠느냐?"

그러자 안중근은 지지 않고 그들을 향해 눈을 반짝이며 대답했다.

"그래, 너희들의 말 또한 옳다. 하지만 옛날 초패왕 항우가 말하기를 '글은 이름이나 적을 줄 알면 된다'고 했다. 그럼에도 불구하고 만고 영웅 초패왕의 이름은 오래도록 남아 전해지고 있지 않느냐? 나는 학문을 닦아서 이름을 날리고 싶지 않다. 초패왕도 장수요, 나도 장부다. 너희들은 두 번 다시 나에게 학업을 권하지 말거라."

안중근은 문반이기보다 무반에 가까웠던 인물로 평가된다. 그럼에도 불구하고 옥중에서 해박한 사적(史的) 감각으로 당시의 역사적 사실을 분석한 『동양평화론』이나 애국혼이 넘치는 한시와 수많은 유묵에 나타난 필력 등은 당대의 석학들과 견주어도 뒤지지 않을 만큼 그의 학문과 식견 그리고 필체가 우수했음을 보여준다.

안중근은 집안 서당에 초빙된 스승에게서 각종 유교 경전과 『통감』 등을 배우고, 조선사와 만국 역사에 대해서도 두루 섭렵했다. 또한 활쏘기와 말타기를 즐겨 숙부와 사냥꾼을 따라 종종 산을 탔고, 그 과정에서 사격술도 익혔다. 안중근이 뒷날 대의를 위해 의병이 되고, 이토 히로부미를 암살한 것은 어릴 때부터 지녔던 이와 같은 상무적인 기풍 때문일 것이다.

안중근의 아버지인 안태훈과 각별한 우의를 나누며 안중근의 어릴 적 모습을 지켜보았던 백암 박은식은 중국 망명지에서 『안중근 전』을 쓰고, 거기에 안중근의 의열투쟁에 관해 역사학적인 기술을 이렇게 남겼다.

"고구려·발해는 무력으로 동방에서 웅거하였고, 신라·백제·고려 및 이 씨 왕조는 세세대대로 문교를 내세워 윤리가 번성하여 세계에서 군자의 나라로 4,300여 년을 이어왔다. 그러나 하루아침에 강폭에 의해 넘어갔다. 어찌 충의의 피로 그 역사의 빛을 발표할 자가 있겠는가? 옛날 장자방이 동해에서 창해군을 만나 힘의 장수를 얻어 쇠망치로 박랑사에서 진시황을 쳐 천하를 진동시켰다. 오늘의 강릉이 곧바로 옛날 창해 역사의 고향이다. 고구려의 동천왕이 위나라 군사에게 쫓겨 바닷가에 이르러 국가가 거의 망하게 되었다. 동부의 유유가 단도를 끼고 위나라 장수를 찔러 그 나라를 회복하였다. 신라 대신 우로의 처는 왜사를 대접하는 척하며 그를 태워 죽여 남편의 원수를 갚았다. 고구려 졸병으로 사신을 따라 강도에 들어간 자들은 뇌부로 수나라 황제 양광을 쏘아 국난을 타개하려고 하였다. 이는 의협의 혼이 유전된 것이다. 오늘에 이르러 어찌 분격하여 세상을 놀랠 자가 없겠는가? 그리하여 백산과 황해 어간에 안중근이 나타나게 되었다."

또한 박은식은 안중근의 어린 시절을 다음과 같이 회고했다.

"총명이 과인하고, 경사와 서예에 통달하였으며, 서법에도 능하였다. 유희할 때는 꼭 화살을 끼고 총기를 다루면서 늘 말타기 연습을 하였다. 그리하여 사격술이 절륜하여 능히 마상에서 나는 새를 쏘아 떨구었다."

안중근은 어려서부터 의협심과 무용력이 뛰어났다. 이것은 안중근 개인에게만 국한된 것이 아니라 안태훈 가문의 많은 인사들이 지니고 있는 성향이었다. 안중근의 의협심이나 상무적인 기풍은 이토 히로부미 암살 후 일제의 살을 에는 것 같은 심문과 재판 과정에서도 그대로 나타난다. 그리고 그가 사형선고를 받고 쓴 『동양평화론』과 자서전에서도 이를 확인할 수 있다.

백범 김구는 안태훈의 배려로 청계동에 의탁하면서 지켜보았던 소년 안중근의 모습을 『백범일지』에 다음과 같이 기록했다(백범일지, 2008).

"진사 안태훈에게는 아들이 셋 있었다. 큰아들이 중근으로 그때 나이 열여섯이었는데, 상투를 틀고 자주색 수건으로 머리를 동이고서 동방총(메고 다니기에 편리하도록 만든 장총)을 메고는 날마다 노인당과 신당동으로 사냥 다니는 것을 일삼았다. 영리하기가 이를 데 없어 여러 군인들 중에서도 사격술이 제일이라고들 했다. 사냥할 때 나는 새, 달리는 짐승을 백발백중시키는 재주라는 것이다. 태건 씨와 숙질이 동행하였는데, 어떤 때는 하루에 노루·고라니를 여러 마리씩 잡아 왔다. 그것을 가지고 군을 먹이는 것이었다."

안중근이 이토 히로부미를 백발백중으로 처단한 사격술은 어릴 적부터 익힌 훈련의 결실이었던 것이다.

- 2장 -

동학농민운동의 횃불 아래

國家安危
勞心焦思

아버지와 함께 동학군에 맞서다

안중근이 청계동으로 이사 온 지 십여 년이 지날 무렵, 동학농민운 동이 일어나게 된다. 동학농민운동(東學農民運動)이란, 동학혁명 또는 동학농민전쟁으로 불리는데 1894년 동학 지도자들과 동학교도 및 농 민들에 의해 일어난 민중의 무장 봉기를 말한다(박은식, 1979).

교조 최제우의 신원 외에도 기존 조선 양반 관리들의 탐학과 부패, 사회 혼란에 대한 불만이 쌓이다가, 1882년 전라도 고부군에 부임된 조병갑의 비리와 남형이 도화선이 되어 일어났다. 부패 척결과 내정 개혁 그리고 동학 교조 신원 등의 기치로 일어선 동학농민군 중 일부 는 흥선대원군, 이준용 등과도 결탁했다. 전봉준은 대원군을 반신반 의하면서도 명성황후와 민 씨 세력의 축출을 위해 대원군과 손을 잡았 다. 대원군 역시 명성황후의 제거를 위한 무력 집단이 필요했기에 동학농민군과 제휴하게 된다. 동학농민군 중 일부는 탐관오리 처벌과 개혁 외에 대원군의 섭정까지도 거병의 명분으로 삼은 바 있었다(동학농민운동, 위키백과).

동학농민군의 지도자들 중에는 전봉준, 김개남 외에도 손화중, 이방언 등 농민군 남접의 최고 지도자들 상당수가 흥선대원군과 연결되어 있었다. 흥선대원군과의 연대를 못마땅하게 여긴 김개남은 수시로 전봉준과 충돌하다가 독자적인 행동을 하기도 했다. 이방언은 농민운동 진압 직후 흥선대원군이 특별히 사면을 청하여 석방되었으나 민 씨 계열의 관군에 의해 살해된다. 그 밖에 최시형, 손병희 등 북접의 지도자들은 남접의 거병에 쉽게 호응하지 않다가 그해 9월의 3차 봉기 때부터 움직이기 시작한다. 개화파 지도자이자 망명 정객인 윤치호는 동

▼ 동학농민군

학농민운동을 적극 지지하여 화제가 되기도 했다.

초기에는 동학난, 동비의 난으로 불리다가 1910년 대한제국 멸망 이후 농민운동, 농민혁명으로 격상되었다. 동학농민혁명(東學農民革命)으로도 불리며, 갑오년에 일어났기 때문에 갑오농민운동(甲午農民運動), 갑오농민전쟁(甲午農民戰爭)이라고도 한다. 동학농민군을 진압하기 위해 민 씨 정권에서는 청나라군과 일본군을 번갈아 끌어들여 결국, 농민운동 진압 후 청일전쟁의 직접적인 원인이 되었다(동학농민운동, 위키백과).

한편 황해도까지 동학군이 밀어닥치자 황해도 관찰사 정현석은 급히 안태훈에게 도움을 요청했다. 사실 개화파 성향의 안태훈은 동학군이 썩 달갑지 않았다. 개화파와 동학군은 반봉건적이라는 점에서는 뜻을 같이했지만 실천방법에서는 입장이 달랐다. 개화파는 서구의 문물과 사상을 수용하고자 했지만, 동학군은 외세를 배척했다.

동학군이라고 해서 모두가 옳은 일만 한 것은 아니었다. 동학농민운동이 전국으로 확산되고, 동학군의 수가 많아질수록 옳은 뜻을 펼치려 일어난 농민들 외에도 동학군의 이름을 빙자하여 폭행과 약탈을 일삼는 자들도 함께 늘어났다. 이러한 상황은 황해도에 일어난 동학군들도 마찬가지였다. 안중근은 이때 상황을 『안응칠 역사』에 이렇게 기록하고 있다.

"1894년 갑오년, 나는 열여섯 나이에 김 씨를 아내로 맞이하여 지

금 아들 둘과 딸 하나를 두고 있다. 그 무렵 이 나라의 각 지방에서
는 이른바 동학당이 곳곳에서 벌떼처럼 일어났다. 그들은 외국인
을 배척한다는 핑계로 군현을 가로지르며 관리들을 죽이고, 백성
들의 재산을 약탈했다. 그러나 관군은 그들을 진압하지 못해 드디
어 청국 병사들이 건너오고, 또 일본 병정들이 건너와, 두 나라가
서로 충돌하여 마침내 큰 전쟁이 일어나고 말았다. 그때 나의 아버
님은 동학당의 폭행을 참기 어려워 동지들을 모으고, 격문을 뿌려
의병을 일으키고, 포수들을 불러 모으는 한편 처자들까지 행렬에
편입시켰다. 이렇게 하여 모인 정병이 무려 70여 명이나 되었으며,
이어 청계산 중에 진을 치고 동학당에 항거하였다."

안중근의 회상에서 아버지 안태훈과 그 가족이 동학당을 치기 위해
'의병'을 조직한 정황이 잘 나타난다. 안태훈은 정현석의 부탁을 들어
주기로 결심하고 군대를 조직했다. 안태훈은 청계동에서 70명 정도의
포군을 식객으로 거느리고 있었다. 그는 유사시에 대비하여 이들을
양편으로 나누어 사격술 같은 훈련을 시켰다. 동학농민운동에 비판적
이었던 박은식은 당시를 이렇게 기술했다.(박은식, 1979)

"이때는 동아시아 전체의 사정이 급변하는 시기였으며 안중근이
활동을 시작한 시기이기도 했다. 동학당 무리들이 각지에 세력을
뻗치고 함부로 살인과 약탈을 감행했는데 그 기세는 대단히 사나

웠다. 오랫동안 태평세월을 지내온 백성들은 모두 겁을 먹고 뿔뿔이 도망칠 뿐 감히 그 예봉에 맞서는 자가 없었다."

모든 준비를 마친 안태훈이 출정하려 하자, 안중근이 그 앞을 막아서며 말했다.

"아버님, 이번 출정에 저도 데려가 주십시오."

안태훈은 버럭 화를 내며 큰소리로 말했다.

"출정이라니? 싸움터는 어린애들 놀이터가 아니다. 그곳은 죽음터란 말이다. 너 같은 어린애가 함부로 덤빌 게 아니다."

그럼에도 불구하고 안중근은 결의에 찬 눈빛으로 대답했다.

"부모가 적들과 싸우러 싸움터로 나가는데, 자식된 자로서 어찌 그것을 보고만 있으란 말입니까? 저도 나가 싸우겠습니다."

안태훈은 깊은 생각에 잠겼다. 그리고 한참 후에야 입을 열었다.

"네 뜻이 정 그렇다면 할 수가 없구나. 그래, 너도 함께 나가 싸우자꾸나."

동학군에 맞설 군대를 조직하긴 했지만, 그 수는 70여 명밖에 되지 않았다. 그러나 동학군의 수는 약 2,000명에 달했다. 안중근은 총을 메고 싸움이 있을 때마다 앞장섰다. 몇 달 동안 수십 차례의 전투를 치르면서도 번번이 승리하였다. 안태훈은 그런 안중근을 기특하게 여겼다. 한편 동학군은 안 씨 부자가 그들과 맞선다는 소식을 듣고 크게 화를 내었다.

"감히 우리와 맞서려 하다니…… 저들을 그대로 둬서는 안 되겠다!"

동학군은 격문을 띄워 원근의 동당을 소집했는데, 그 무리가 무려 만여 명에 달했다. 그들은 청계동으로 쳐들어와 사방을 포위하고서 소리쳤다.

"안 씨 부자는 들어라! 우리가 너희를 포위하였으니 헛수고 말고 어서 나와 항복하라! 만약 우리의 경고를 듣지 않는다면, 오늘 너희는 죽음을 맞이할 것이다!"

사방은 동학군들이 쏘아대는 총소리로 가득했다. 안중근은 주먹을 불끈 쥐며 아버지 안태훈에게 말했다.

"아버님, 비록 저들의 수가 많다고는 하나 전술과 기율이 없으므로 하등 두려워할 이유가 없습니다. 부디 제가 앞장서 싸우도록 허락해 주십시오."

안중근은 말을 마치기 무섭게 총을 메고는 말을 타고 적진을 향해 달려 나갔다. 그리고는 맹사격을 했는데 빗맞은 적이 없었다. 안중근을 선두로 안태훈과 그의 부하들이 동학군을 향해 달려들었다.

동학군은 사상자가 늘어나자 크게 놀라며 뿔뿔이 도망치고 말았다. 안중근과 그의 부하들이 노획한 말과 총알이 부지기수였다.

당시 안중근은 키가 다섯 자 정도 되었고 붉은 저고리를 입고 있었다. 동학군은 안중근이 마치 하늘에서 내려보낸 홍의장군이라도 된 듯 여기며 무서움에 떨었다.

"저, 저게 누구란 말이냐? 혹시 저 자가 바로 홍의장군이 아니더냐?

하늘이 내려보낸다는 홍의장군이 우리를 잡으러 왔구나!"

안중근은 동학군과의 전투 당시의 상황을 『안응칠 역사』에서 이렇게 회상했다.

"그날 밤 내 아버지는 여러 장수들과 함께 의논하기를 '만일 내일까지 앉은 자리에서 적병의 포위 공격을 받게 되면, 적은 군사로 많은 적군을 대항하지 못할 것은 필연한 일이라, 오늘 밤으로 먼저 나가 적병을 습격하는 것만 같지 못하'면서 곧 명령을 내렸다. 닭이 울자 새벽밥을 지어 먹고 병정 40명을 뽑아 출발시키고, 남은 병정들은 본동을 수비하게 했다. 그때 나는 동지 6명과 함께 자원하고 나서 선봉 겸 정탐독립대가 되어 전진 수색하면서 적병 대장소가 있는 지척에까지 다다랐다. 숲 사이에 숨어 엎드려 적진 형세의 동정을 살펴보니 기폭이 바람에 펄럭이고 불빛이 하늘에 치솟아 대낮 같은데, 사람과 말들이 소란하여 도무지 기율이 없으므로 나는 동지들을 돌아보며 이르되 '만일 지금 적진을 습격하기만 하면 반드시 큰 공을 세울 것이다'라고 했더니 모두들 말하기를 '얼마 안 되는 전약한 군사로 어찌 적의 수만 대군을 대적할 수 있겠는가' 하는 것이었다. 나는 다시 대답하되 '그렇지 않다. 병법에 이르기를, 적을 알고 나를 알면 백번 싸워 백번 이긴다고 했다. 내가 적의 형세를 보니 함부로 모아 놓은 질서 없는 군중이다. 우리가 마음을 같이하고 힘을 합하기만 하면 저런 난당은 비록 백만 대중이라고 해도

겁날 것이 없다. 아직 날이 밝지 않았으니 뜻밖에 쳐들어가면 파죽지세가 될 것이다. 그대들은 망설이지 말고 내 방략을 좇으라'고 했더니 모두들 수락하여 계획을 완전히 끝냈다. 호령 한마디에 일제히 적진의 대장소를 향해 사격을 시작하니 포성은 벼락처럼 천지를 진동하고, 탄환은 우박처럼 쏟아졌다. 적병은 별로 예비하지 못했기에 미처 손을 쓸 수 없었고, 몸에 갑옷도 입지 못하고 손에 기계도 들지 못한 채 서로 밀치며 밟으며 산과 들로 흩어져 달아나므로 우리는 이긴 기세를 타고 추격했다."

동학군은 많은 피해를 입고 후퇴했다. 사상자만 해도 수십 명이었다. 안태훈 일가는 전리품으로 다수의 총기와 군마, 특히 1,000여 포대의 군량미를 획득했다. 이때 노획한 군량미 때문에 안태훈은 나중에 어려움에 처하게 되는데, 신기하게도 안중근의 부대원 중에는 단 한 사람도 죽거나 다친 사람이 없었다. 평상시 갈고닦은 군사훈련 덕택이었다.

갑오의려의 선봉에 선 안중근

안중근의 아버지 안태훈은 동학농민운동이 발발해 전국으로 확산되고, 동학군이 황해도까지 밀려오자 지역의 산포수와 청년들을 모아 '갑오의려'를 조직했다. 이것은 갑오년에 조직한 일종의 민병대였다(인터넷. 동학농민운동).

갑오의려에 대해서는 약간의 설명이 필요하다. 이 무렵 안태훈뿐 아니라 전국의 여러 지역에서 유사한 '갑오의려'를 조직하였다. 주로 봉건사회의 양반 계층이 주도한 갑오의려는 두 가지 목적이 있었다. 하나는 동학의 민란에서 자신들의 기득권을 지키

▲ 안중근의 아버지 안태훈 진사

고자 하는 자위의 수단이었고, 다른 하나는 이번 기회에 동학군을 토벌하여 공을 세우고 입신양명의 기회로 삼고자 한 것이었다.

그렇지만 안태훈의 경우는 이 같은 이유에서 동참한 것이 아니었다. 안태훈은 일찍이 개화파 세력에 가담한 경력이 있었다. 이후 천주교로 개종하고 적극적으로 전도 사업을 벌일 만큼 서구문물 수용에 앞장섰던 개화파였다. 그런 점으로 미루어 안태훈의 반동학적 입장은 개화적 인식에서 설명되어야 한다.

개화와 동학은 이념적 지향을 달리한다. 개화와 동학의 상반된 입장은 이념적 지향의 차이에서 오는 피치 못할 갈등이기도 했다. '반봉건'을 지향한다는 점에서는 양자가 공통점을 지니고 있었지만, '반봉건'의 실천논리에서 이들은 현저한 차이를 보였다.

개화가 서구의 논리를 수용하고 이를 추구했던 것에 반해, 동학은 외세를 배척하고 전통논리에 의해 반봉건의 구현을 모색했다. 따라서 양자의 현실적 대응은 상반된 양상을 보일 수밖에 없었다. 즉, 동학의 입장에서는 개화 세력이 외세 침략의 앞잡이로 인식되었던 것이다.

반면에 개화 세력의 입장에서는 동학군의 봉기가 민란 내지는 폭도 이상으로는 보이지 않았다. 이는 역사 인식의 문제에서 개화사상의 한계로 지적될 수 있는 것이기도 하다. 따라서 안태훈의 갑오의려는 이러한 개화적 인식이 깊게 반영된 것으로 설명되어야 한다.

갑오의려는 안태훈의 인덕과 재력에 의해 조직되었고 큰 전공을 세웠다. 여기에는 안중근의 역할도 컸다. 안중근은 열여섯의 나이로 전략을 짜고 부대의 선봉에 서서 맹활약을 펼쳤다. 그 수완과 담력이 보통이 아니었던 것이다(인터넷. 동학농민운동).

구국운동의 씨앗을 품다

동학농민운동이 진압되자 안태훈은 의병을 해산하고 다시 농사를 지으며 일상으로 돌아왔다. 그러나 안중근은 전란을 겪으면서 느낀 바가 많았다. 그는 새로운 구국운동의 길을 모색하기 시작했다. 어느 날, 안중근은 마을 사람들을 모아 놓고 다음과 같이 말했다(『안응칠 역사』, 1979).

"우리나라에서는 글만 숭상하고 무예를 폐지한 결과, 백성들은 무기를 쓸 줄 모르고 국력은 약할 대로 약해졌습니다. 오합지졸에 불과한 동학당이 몇 해 동안이나 화를 끼쳤지만 관군이 즉시 난당을 진압하지 못했기 때문에 백성들이 큰 피해를 입었습니다. 이러고 있다가 강한 외적이 우리가 약한 틈을 타서 쳐들어온다면 우리는 총 한 방 못 쏘고 무너지고 말 것입니다.

　오늘 우리들이 산속에 살면서 비록 사람의 수효는 매우 적지만 총 쏘는 연습을 자주 하고, 무예를 숭상하는 기풍을 배양하며, 우리 국민을 인도하여 문약한 습성을 개변시키고, 상무의 풍기를 점차 키운다면 유사시에 대비할 수 있을 것입니다.”

　이렇듯 안중근은 그 생각이나 행동이 소년 시절부터 남달랐다. 글공부를 통해 과거를 준비하는 것이 당시 양반층 자제들이 밟던 전형적인 과정이었으나, 안중근은 과거 시험 따위는 아랑곳하지 않았다. 아버지 안태훈 역시 이를 강요하지 않았다.

　안중근은 어려서부터 익힌 무예와 병법, 여기에 담대한 용기와 탁월한 지략으로 상무의 기풍을 키우면서 동학군과의 전투에 앞장섰다. 그리고 열여섯 소년이라고는 믿기지 않을 만큼 뛰어난 통솔력을 보여 줬다. 주위 사람들로부터 신망을 얻고 칭찬이 끊이지 않은 것은 당연한 일이었다. 동학군과의 싸움을 경험하면서 안중근은 국가의 안위를 이렇게 걱정하기 시작했다.(『안응칠 역사』, 1979)

　“나라에서 문(文)을 숭상하고 무(武)를 업신여겨 백성이 군사를 알지 못하는 까닭에 나라가 점점 약해지고 있다. 만약 갑자기 외국 열강이 우리의 약함을 노려 침략하면 우리는 꼼짝없이 당할 수밖에 없다. 따라서 문약에서 벗어나 무강의 기풍을 조성함으로써 앞날에 대비해야 한다."

안중근은 이와 같이 상무정신에 입각한 구국의식을 지니고 있었다. 그는 우선 마을의 청년들을 규합해 무예를 단련시키는 한편, 점차 다른 지역의 청년들까지 합류시켜 이와 같은 의지를 실천해 갔다. 또 의협심을 가진 사람이 있다는 소식을 들으면 멀고 가까운 것을 가리지 않고 찾아가 감개한 이야기로 국사를 논하며 의기를 나누기도 했다.

동학농민운동과 갑오개혁의
소용돌이 속에서

동학군과의 싸움 이후 청계동에는 평화로운 나날이 이어졌다. 동학농민운동의 기운은 사그라졌지만, 동학농민운동으로 청나라와 일본이 개입하자 조정과 농민들은 개혁안을 체결해 해산하기로 했다.

그러나 조정이 협상을 이행하지 않은 데다, 일본이 궁궐을 침범하고 청일전쟁이 일어나자 농민들은 다시 힘을 모아 일어났다. 조선에서 일본을 내쫓기 위해서였다. 하지만 기관총과 같은 신식무기를 든 일본군 앞에서 동학군의 힘은 너무나 미약했다. 결국 동학농민운동은 좌절되고 말았다(인터넷. 동학농민운동).

그러나 동학농민운동은 이러한 결과만으로 평가되어서는 안 된다. 동학농민군의 요구 중 신분제 폐지 등의 몇 가지 조항은 갑오개혁에 반영되었다. 갑오개혁은 1894년 음력 6월 25일부터 1895년 8월까지 조선 정부에서 전개한 제도 개혁 운동으로, 갑오경장이라고도 불렸다. 내각의 변화에 따라 세분화하여 제1차 갑오개혁과 제2차 갑오개혁으로 나눌 수 있으며, 후에 을미개혁으로 이어지게 된다.

갑오개혁은 정부 주도의 근대적 개혁의 성격을 지닌다. 특히 유교적 사회 질서를 근대적으로 바꾸기 위한 노력이 많이 엿보인다. 먼저 계급제도 타파, 문벌을 초월한 인재의 등용, 노비 매매 금지 등 조선의 전통적 신분제도를 바꾸었다. 이 시기 이후 신분 차별은 급속하게 사라졌다. 다음으로 죄인의 고문과 연좌제 등 비합리적인 형벌을 폐지하였다. 마지막으로 조혼 금지, 자유의사에 의한 과부의 재혼, 양자제도의 개정, 의복제도의 간소화 등 불합리한 전근대적 제도들을 개혁하였다.

유럽의 근대사회는 르네상스 이후 종교개혁 · 산업혁명 · 프랑스 혁명 등 문화적 혁신과 과학적 문명의 진보를 통해 획기적인 근대화의 과정을 밟았다. 그러나 조선의 경우는 실학운동과 동학혁명이 고질적인 봉건왕조의 폐쇄성으로 인하여 개화를 보지 못한 채, 갑오경장이라는 타율적인 힘에 의해 외세 자본주의가 이룩한 서구적 근대화 과정으로 이행하게 되었다.

따라서 봉건왕조의 유교적인 형식 논리, 양반 관료의 가렴주구(苛斂誅求) 그리고 은둔적인 쇄국정책(鎖國政策)은 일제의 식민지화를 촉진하였고, 조수(潮水)처럼 밀려든 근대사조를 주체적으로 수용하고 극복하기에는 너무나도 힘에 겨웠다. 그리하여 문화와 생활 면에서도 서양 문물의 영향이 직·간접적으로 침투되어 근대화의 구호가 바로 개화에 있는 것처럼 착각하게 되었다. 당시에 유행한 '개화장(開化杖)', '개화당(開化黨)', '개화 주머니', '개화군' 등의 색다른 이름까지 나올 정도로 개화기의 의식을 반영하고 있다. 개화란 것은 '문명개화(文明開化)'를 말하는 것으로, 이는 구시대의 문화 및 생활양식에서 벗어나 새로운 시대의 문화를 흡수하고, 새로운 생활양식으로 변모·동화함을 뜻하는 말이다. 다시 말해서 개화란 일본을 통해 들어온 서양 문물에의 동화, 즉 서양화한다는 말이요, 시대적인 의식 전환으로 근대화한다는 뜻까지 포함한다(인터넷. 동학농민운동).

갑오경장은 외세에 의한 피동적인 제도상의 개혁이기는 했으나 이것이 한국의 근대화를 촉진하는 획기적인 계기가 된 것은 사실이다. 첫째로, 정치적 면에서는 귀족정치에서 평민정치로의 전환을 밝혔고, 외국에의 종속적인 위치로부터 주권의 독립을 분명히 했다. 둘째로, 사회적인 면에서는 개국 기원의 사용, 문벌과 신분 계급의 타파, 문무존비제(文武尊卑制)의 폐지, 연좌법 및 노비제의 폐지, 조혼의 금지, 부녀 재가의 자유가 보장되었다. 셋째로, 경제적인 면에서는 은본위의 통화제, 국세 금납제 실시, 도량형 개정, 은행 회사 설립 등 2백여 조항의 개혁을 목적으로 한 것이었다. 그러나 한말 정부로서는 이를 주체적으로 실시할 수 있는 자주 역량이 부족하여 외세에만 의존하는 한편, 이 새로운 개혁을 저지하는 기존 봉건세력의 힘이 컸기 때문에, 불행히도 실질적으로 큰 성과를 얻었다고는 할 수 없다.

이 무렵부터 한말 사회에서는 인습과 전통의 구속을 벗어나 자유로운 지식을 보급하고, 일반 국민으로 하여금 무지의 상태에서 벗어나게 하려는 개화·계몽사상이 싹트기 시작했다. 이것은 당시의 유교적인 인습과 전통에 사로잡힌 재래의 구습을 타파하고, 그 굴레에서 벗어나 자아를 각성하며, 과학 문명에 입각한 새로운 지식을 체득하게 하려는 시대의식을 말한다. 그러므로 이 개화·계몽기는 새로운 것을 창조하겠다는 의욕보다는 낡은 것에서 벗어나겠다는 욕구가 더 선행했으며, 모든 것은 신(新)과 구(舊)로 대립되었고, 낡은 것은 일차 부정의 단계를 겪지 않으면 안 되었다. 또한 김홍집, 박영효 연립내각이 고종을 강제하여 발표하게 한 홍범 14조는 한국 최초의 헌법적 성격을 띤 법령으로 볼 수 있다.

일본은 조선에 개혁을 종용하였지만, 조선을 위한 개혁이 아니었다. 당시 외무대신 무쯔(陸奧宗光)는 갑오개혁에 대해서 "우리나라(일본)의 이익을 주안으로 삼는 정도에 그치고, 감히 우리의 이익을 희생시킬 필요는 없다."라고 하였다.

한편 동학농민운동이 실패한 뒤 남은 세력들은 의병투쟁을 통해 항일운동을 계속 펼쳐 나갔다. 이처럼 동학농민운동은 그 자체로도 중요한 역사적 의의를 지닌다고 하겠다(『안응칠 역사』, 1979).

가문에 드리운 검은 기운

청계동에서 동학군과의 전투가 벌어진 이듬해 여름, 안중근의 집에 손님 두 사람이 찾아왔다.

"작년 전쟁 때 실어 온 천여 포대의 곡식은 원래 동학당들의 물건이 아니었습니다. 그 물건들의 절반은 탁지부 대신 어윤중 대감이 사두었던 것이고, 다른 절반은 전 선혜청 당상 민영준 대감이 농장에서 추수해 거둬들인 곡식이지요. 그러니 지체하지 말고 모두 돌려드리시오."

이 말을 듣고 있던 안중근은 두 주먹을 불끈 쥐었다. 뒷날 안중근은 이를 두고 자서전 『안응칠 역사』에서 이렇게 밝혔다.

"토끼 사냥이 끝나면 사냥개마저 잡아먹으려 하고, 내를 건너갈

때 요긴하게 쓴 지팡이도 팽개친다고 하더니……."

양곡은 군사들의 식량으로 대부분 소비하고 남아 있는 것이 없었다. 게다가 이 양곡은 황해도의 동학도 접주 원용일이 관아에서 탈취한 것을 안태훈 부대가 압수한 노획물이었다. 따라서 '주인'에게 돌려달라는 것은 이치에 맞지 않는 일이었다. 김홍집 내각의 탁지부 대신 어윤중과 명성황후의 일가인 민영준은 당대의 실력자이자 권력의 실세였다. 그들의 양곡인 것이 사실이라면, 농민들이 먹고살기 어려워 혁명을 일으키는 상황에서 이들은 한 지역에 양곡을 500석이나 쌓아 두었다는 말이 된다. 바꿔 말하면, 이런 연유에서 농민혁명이 일어날 수밖에 없었다는 반증이기도 하다.

안중근이 젊은 혈기에 분개한 것과는 달리, 안태훈은 웃으면서 그들에게 말했다.

"어 대감, 민 대감의 쌀은 내 알 바 아니오. 내 직접 동학당의 진중에 있던 것을 빼앗아 온 것이니 다시는 그런 말을 하지 마시오."

비록 웃는 얼굴이었지만, 입으로 내뱉는 말에는 단호함이 서려 있었다. 70여 명의 군대로 2천 명이나 되는 동학군을 물리친 것이 안태훈이란 사실을 그들이 모를 리가 없었다. 그들은 안태훈이 당당하게 대꾸하자 아무 말도 하지 못하고 그냥 돌아갔다.

그러나 이 일은 후환을 불러왔다. 어윤중과 민영준은 고종황제에게 이렇게 고했다.

"안태훈이 막중한 국고금과 무역을 들인 쌀 1,000여 포대를 까닭 없이 도둑질해 먹었기에 알아본즉, 그 쌀로 병정 수천 명을 훈련하며 음모를 꾸미고 있었다고 합니다. 군대를 보내 진압하지 않으면 앞으로 국가에 큰 환난이 닥칠 것입니다."

당시에 '음모' 사건은 곧 '반역'을 의미했다. 안태훈은 곧장 서울로 올라갔다. 참으로 억울하고 분통한 일이 아닐 수 없었다. 교우 관계이던 전 판결사 김종한을 통해 어윤중에게 억울함을 호소했지만 재물에 눈이 먼 그가 들어 줄 리가 없었다.

"안 진사는 근본이 도적의 무리가 아니고, 의병을 일으켜 도적들을 무찌른 국가의 공신입니다. 그 공훈을 표창해도 모자랄 판에 이렇게 말도 되지 않는 이유로 모함할 수가 있습니까?"

그런데 하늘이 분노한 까닭일까? 어윤중은 민란이 발생하여 고향으로 피신하던 중 난민들의 돌에 맞아 참혹하게 죽고 말았다. 당연히 그의 무고도 끝났기에, 이로써 사건은 마무리되는 듯했다.

하지만 어윤중보다 권세가 더 막강한 민영준의 위세는 여기서 그치지 않았다. 민영준은 안태훈의 목을 죄기 시작했다. 그는 안태훈을 역모로 몰고자 했다. 민영준은 세도가 상당한 민 씨 집안이어서 안태훈이 이리저리 꾀를 내어 봐도 도무지 빠져나갈 길이 보이지 않았다. 사태가 위급해지자 안태훈은 한 가지 방안을 마련했다.

'천주교당으로 몸을 피해야겠다.'

안태훈은 서양 신부들의 도움으로 천주교 종현성당(지금의 명동성당)

으로 피신했다. 안중근도 아버지를 따라 성당으로 몸을 피했다.

이것이 계기가 되어 안태훈은 천주교 신자가 된다. 종교적 열정과 현실적 고뇌의 결과였다. 그곳에서 몇 달 동안 은신하는 사이 정국이 변하면서 안태훈과 안중근은 무사할 수 있었다. 안태훈은 종현성당에 머무는 동안 신부의 강론을 듣고 김종한의 도움을 받으면서 천주교의 진리를 깨닫게 된다. 그리고 몇 달 뒤 다수의 천주교 서적을 가지고 교리에 밝은 이종래와 함께 청계동으로 돌아오게 된다.

안태훈은 그 시대에 '정의'를 가훈으로 내걸 만큼 대단히 심지가 굳고 강직한 인물이었다. 그는 정통 유학자면서도 열린 개화정신의 소유자였다. 수십 명의 산포수를 불러들여 유사시에 대비한 일이나, 성재 유중교의 문인이며 의병장 의암 유인석과는 동문으로서 당시 해서 지방의 대학자로 추앙받은 고능선을 초빙해 교유하며 자제들의 교육을 맡긴 사실에서도 이러한 그의 면모가 잘 드러난다. 고능선은 안태훈의 초청으로 청계동에서 살면서 안태훈 형제들과 자주 시회를 열고, 시국을 담론하며 거사를 치를 기회를 찾고 있었다.

안태훈이 개화파에 속했다면, 고능선은 척사유림의 학통을 이어받은 인물이었다. 그럼에도 불구하고 두 사람은 의기투합해 함께 어울렸다. 이것은 안태훈이 특정 사상이나 논리, 주장에 편향되지 않았음을 보여준다. 안태훈의 호방한 기품이 엿보이는 대목이기도 하다. 안중근은 아버지 안태훈에게서 이러한 기질을 물려받은 것이다.

백범 김구와의 깊은 인연

　고능선이 청계동의 안태훈 집에 머물고 있을 무렵, 안태훈은 백범 김구를 집으로 초청했다. 당시 김구는 '청년 접주(接主)'로서 동학농민군의 황해 지역 수장이었다. 이들 세 사람의 만남과 어린 안중근과의 만남은 이후 파란만장한 한국독립운동사의 큰 맥을 형성하는 계기가 된다(박은식, 1979).

　김구는 열여덟 살 때인 1893년 동학에 들어가 접주가 되고 동학농민운동에 참가했다. 그리고 이듬해 팔봉 접주로 해주성 공략 작전에 선봉장으로 참전했으나 뜻을 이루지 못했다. 그 결과, 일본군의 신식 무기 앞에 쫓기는 신세가 되고 만 것이다.

　당시 김구가 청계동에서 머문 기간은 4~5개월에 지나지 않았다. 그러나 이 기간 동안 김구는 평생을 두고 삶의 지표가 되는 훈도를 받게 된다. 유학자 안태훈에게서 의리와 호방한 기질을, 선비 고능선에게서 유학과 대장부의 기개를 배운 것이다.

안중근 가문과 김구의 관계는 운명적이라 할 만큼 질긴 인연으로 이어져 있다. 안태훈이 김구의 사람됨을 아껴 청계동으로 초청한 데서 첫 만남이 시작되는데, 이때의 관계는 김구가 안태훈에게 '의병기의(義兵起義)'를 제기했다가 뜻이 맞지 않아 청계동을 떠나면서 한때 단절된다. 김구는 동학농민운동이 좌절되면서 중국을 돌아보고 오는 길에 강계에서 의병에 참가했으나 실패하고 만다. 이곳저곳을 돌아다니던 김구는 1895년 말경에 스스로 청계동에 있는 안태훈의 집을 찾아간다.

김구는 청계동에서 안태훈과 고능선을 만나 자신이 직접 돌아보고 온 저간의 사정을 전하고 함께 의병을 일으킬 것을 제의한다. 그러나 안태훈은 그런 김구에게 다음과 같이 답한다(『안응칠 역사』, 1979).

"아무 승산이 없이 일어났다가는 실패할 수밖에 없으니 기의할 생각이 없소이다. 천주교를 믿으며 기회를 보다가 뜻을 펼치겠소."

이 일로 김구는 청계동을 떠나고, 그동안 안태훈의 후의로 청계동에 거처를 마련하여 살고 있던 김구의 부모도 그곳을 떠나게 되었다.

김구와 안중근 일가가 다시 관계를 맺게 된 것은 안중근의 하얼빈 의거 때문이었다. 안중근의 의거 뒤 김구는 청계동 시절의 인연으로 일제 경찰에 붙잡혀 해주감옥에서 한 달 넘게 구속되었다가 불기소로 풀려나오게 된다(박은식, 1979).

안중근 유족에 대한 김구의 관심은 각별했다. 1937년 일본군의 공세로 상해가 위태로워지자 백범은 안중근의 부인 김 씨의 구출 문제를 '대사건'으로 기술하면서 『백범일지』에 다음과 같이 밝혔다.

> "양반집에 불이 나면 사당의 신주부터 옮겨 내온다고 하는데, 우리가 혁명가로서 의사 부인을 적치 구역에서 구출하는 것 이상으로 긴급한 일은 없다."

김 씨 부인의 구출 임무를 끝내 완수하지 못한 안공근의 잘못을 크게 꾸짖던 백범의 모습은 곧 안중근이 실천해 왔던 독립운동에 대한 '의리'를 지키기 위한 몸부림이었다. 일본군이 상해를 장악한 상황에서 안중근 의사의 부인 김 씨의 구출이 사실상 불가능한 것임을 알면서도 포기하지 않고 홍콩으로 찾아가 안정근과 안공근 형제를 다그쳤던 것도 그러한 맥락에서 이해할 수 있을 것이다. 백범과 안중근 집안의 관계를 놓고 볼 때, 백범이 안태훈에게서 근대적 가치관을 배웠다면, 안중근과의 인연이 비록 직접 맞닿은 것이 적었다 하더라도 백범의 이러한 행동은 독립운동을 전개하는 과정에서 보여준 '의리'의 실천으로 해석되어야 할 것이다.

그리고 1919년 4월, 대한민국임시정부가 수립되면서 김구와 안중근

가문은 더욱 가까워진다. 하얼빈 의거 이후 안중근 집안은 대부분 중국으로 망명하게 되는데, 국내에서는 살아가기가 어렵기도 했거니와 안 의사의 뜻을 이어 독립운동을 전개하기 위해서였다.

조선 침략의 원흉 이토 히로부미를 사살한 안중근 의사는 '독립운동의 꽃'으로 불리며 널리 알려져 있지만, 그의 동생, 조카 등 일가 40여 명이 독립운동에 뛰어들었음을 아는 사람은 많지 않다. 안중근의 그늘에 가려 빛을 보지 못했지만, 이들은 김구 선생의 든든한 독립운동 파트너였다.

안중근의 하얼빈 의거 이후 일제의 탄압에 못 이겨 1910년 봄 온 가족을 이끌고 망명길에 오른 안정근은 1919년 늦가을, 중국 상하이로 거처를 옮기며 백범과 만나 이곳에서 본격적으로 독립운동가 활동을 시작하게 된다. 안중근의 동생이었던 안정근은 임시정부 내무차장과 대한적십자회 최고 책임자로 활동하는 한편, 임시정부 북간도 파견위원으로 선임되어 독립군 통합운동에 힘썼다. 청산리 전투에 참전한 것도 그의 중요한 업적 중 하나다.

안중근의 두 동생 안정근과 안공근은 김구를 도와 독립운동의 최일선에서 활동했다. 안정근은 김구가 낙양군관학교에 한인특별반을 설치해 국내외 청년들을 모집하는 데 크게 기여했다. 그리고 안공근은 한국독립당 창당 과정에서부터 15년 이상 김구의 최측근 동지로서 동고동락했으며, 윤봉길 의사의 의거 뒤 김구가 일경에 쫓겨 가흥으로 피신했을 때 가흥과 상해를 오가며 한인애국단을 총괄하기도 했다.

특히 김구의 장남인 김인과 안정근의 딸 안미생이 결혼하면서 두 집안의 사이는 더욱 돈독해졌다. 백범 김구와 안중근 집안의 인연을 연구한 장석홍은 이에 대해 이렇게 말한다(『한국독립운동사』, 1999).

"독립운동 과정에서 백범과 안중근 집안의 직접적 결합은 안중근의 동생과 사촌, 조카들에 의해 계승되어 갔다. 특히 안공근과 안경근은 백범의 1930년대 독립운동에서 가장 측근으로 활약했고, 그 밑의 항렬인 생자(生字) 대에서는 안우생 · 안원생 · 안춘생 · 안낙생 등이 임시정부와 광복군에서 활동하며 백범의 독립운동에 동참했다. 그리고 백범의 큰 아들 김인과 안정근의 딸 안미생의 결혼은 양자의 관계를 혈연관계로 발전시켰으며, 이들의 동지적 관계는 백범 독립운동의 버팀목으로 자리했다고 봐야 할 것이다."

▼ 김구 주석이 김인과 안미생 사이에서 태어난 손녀 김효자를 꼭 껴안고 있다.

호방했던 청년, 안중근

안중근은 젊은 시절, 총과 무기를 사서 군인이 될 자격이 있는 청소년들에게 나누어주고 사격 훈련을 시켰다. 그리고 틈나는 대로 황해, 평안, 경기의 여러 지역을 돌아다니며 포부가 있는 건장한 청소년들을 모아 단체를 조직하고 군사 전략을 연구했다. 그리고 때로는 술을 마시고 노래를 부르며 담대한 꿈을 키웠다. 안중근은 나중에 뤼순 감옥에서 자신이 일상생활에서 가장 좋아하던 네 가지를 다음과 같이 밝혔다(『안응칠 역사』, 1979).

첫째, 친구와 의를 맺는 것이요
둘째, 술을 마시고 노래하며 춤추는 것이요
셋째, 총으로 사냥하는 것이요

넷째, 날랜 말을 타고 달리는 것이었다.

안중근은 청소년 시절부터 의리와 호방함을 갖추고 상무정신으로 심신을 단련했다. 아마 이때가 안중근의 짧은 생애에서 가장 행복했던 시절이었을 것이다. 한편 이즈음 안중근은 죽을 고비를 넘기는 사건을 겪었다. 하루는 친구 예닐곱 명과 사냥을 하는데, 탄환이 총구멍에 걸리고 말았다. 총알이 빼낼 수도 없고 들이밀 수도 없이 단단히 걸린 것이었다.

"총알이 어디에 걸린 거지?"

안중근은 쇠꼬챙이로 총구멍을 쑤셔 댔다. 그러자 펑 하는 소리와 함께 총알이 발사되고 말았다. 안중근은 혼비백산했다. 정신을 차리고 살펴보니 총알이 폭발하여 쇠꼬챙이와 탄환 한 알이 안중근의 오른손을 뚫고 공중으로 날아갔던 것이다. 곧장 치료하기는 했지만, 안중근은 나이 먹은 뒤에도 그때의 공포를 잊지 못했다.

그렇다고 안중근이 젊은 날 매번 사냥이나 다니고 의분에 차서 병정 모으는 일에만 열중했던 것은 아니다. 때로는 친구들과 어울려 기방에 출입하며 술을 마시기도 했다. 그러나 기질로 보아 기생 얼굴이나 쳐다보면서 술을 마시지는 않았던 것 같다. 안중근은 기방에서 기생들을 호되게 꾸짖기도 했다.

"너희는 뛰어난 자색을 지녔으니 호걸 남자와 짝을 지어 함께 늙는다면 얼마나 좋은 일이겠느냐? 그런데 너희들은 그리하지를 못하고 돈 소리만 들으면 침을 흘리고 정신을 잃어 염치 불구하고 오늘은 장씨, 내일은 이 씨한테 붙어 짐승과 같은 행동을 하니 그래서야 되겠느냐? 나의 이런 말을 계집들이 새겨듣지 않고, 오히려 미워하는 빛이나 공손하지 않은 태도를 보이면 나는 욕을 퍼붓기도 하고, 때로는 때리기도 했기 때문에 친구들은 나에게 '번개입(電口)'이라는 별명을 붙여 주었다."

- 3장 -

신의 이름으로

國家安危
勞心焦思

천주교를 접하다

안중근은 아버지 안태훈의 양곡 문제 때문에 성당으로 피신한 것이 결정적인 계기가 되어 천주교를 접했지만, 성당에서 교리를 공부하면서 그 누구보다 순수한 신앙심을 갖게 되었다. 안중근은 1897년 1월, 열아홉의 나이로 천주교에 입교하여 1910년 3월 죽음에 이르기까지 13년 동안 신실한 천주교인으로 살았다. 안중근의 자서전 『안응칠 역사』에서 신앙에 대한 그의 태도를 엿볼 수 있다.

"형제여, 내가 할 말이 있으니 꼭 내 말을 들어 주시오. 만일 어떤 사람이 혼자서만 맛있는 음식을 먹고 그것을 가족에게 나누어주지 않는다거나, 또 재주를 간직하고서 남을 가르쳐주지 않는다면, 그것이 과연 동료의 정리라 할 수 있겠소. 원컨대 우리 대한의 동포

　　형제자매들은 크게 깨닫고 용기를 내서 지난날의 허물을 깊이 참
　회함으로써 천주님의 의자(義子)가 되어 현세를 도덕시대로 만들어
　다 같이 태평을 누리다가, 죽은 뒤에 천상에 올라가 상을 받아 무궁
　한 영복을 함께 누리기를 천만 번 바라오."

　안중근이 세례를 받게 된 것은 1894년, 결혼한 지 3년이 지나 본격적
으로 사회활동을 시작한 때였다. 안중근은 세례를 받은 이후 신앙생
활을 소홀히 한 적이 없었다.

　안중근은 양곡 문제가 흐지부지되어 청계동으로 돌아올 때도 성당
에 있던 많은 성서를 가져왔다. 고향으로 돌아와 많은 이들에게 복음
을 전파하기 위해서였다. 안중근은 아버지 안태훈과 함께 천주교의

교리를 널리 알리고 주변 사람들에게 입교를 권했다. 안중근과 그의 가족은 조상의 제사 때문에 입교를 거부한 안중근의 백부 안태진을 제외한 일부 사촌들까지 프랑스인 신부 빌렘(한국 이름은 홍석구)에게서 세례를 받았다. 청계동으로 돌아온 안태훈이 빌렘 신부를 초청하여 가족 등 36명

▲ 빌렘 신부(Wilhelm, 한국명 홍석구)

에게 영세를 받도록 한 것이다. 안중근의 어머니와 아내 김아려도 이때 세례를 받았다. 이후에도 안중근의 가족과 친척 등 30명이 그리고 그해 부활절에는 또 다른 친척과 마을 주민 33명이 세례를 받았다. 세례를 받은 안중근은 신앙인으로서 살고자 열심히 노력했다. 이에 대해 정인상은 『안중근의 신앙과 윤리』에서 이렇게 밝힌 바 있다.

"안태훈의 입교 과정이 순수한 신앙에 의한 것만은 아니었지만 안중근은 세례를 받고 나서 성서 및 교리 공부를 열심히 해 날로 신앙심이 굳세어져 갔다. 그리고 몇 해 지나지 않아서 그에게 세례를 준 빌렘 신부를 따라 활발한 전도 활동을 전개함으로써 신앙심을 더욱 확고히 했다. 이러한 전도 활동을 통한 신앙고백이라 할 수 있는 설교문이 그가 옥중에서 저술한 자서전에 기록되어 있다. 안중근은 빌렘 신부의 복사(服事)로서도 활동했고, 또 신자들

에 의해 총대로 선출되어 종교 활동과 사회정의 활동도 활발히 전
개했다."

안태훈이 천주교에 입교한 것은 양곡 문제로 인한 곤경에서 벗어나
고자 프랑스인 신부의 도움을 얻기 위해서 그리고 변화하는 서양의 신
문명을 접해 보기 위해서였을 것이다. 하지만 안중근의 경우는 달랐
다. 그는 순수한 신앙심에서 천주교에 입교했고, 성실하게 신앙생활에
임하고 선교활동을 벌였다. 그의 자서전에는 『안응칠 역사』에는 이러
한 대목이 나온다.

"그러면 천주는 누구입니까? 한 집안에는 그 집 주인이 있고, 한
나라에는 임금이 있듯이, 이 천지 위에는 천주가 계시니, 시작도 없
고 끝도 없는 삼위일체(성부 · 성자 · 성신으로 그 뜻이 깊고 커서 아직
깨닫지 못하였다)로서 전능 · 전지 · 전선하고, 지공 · 지의하여 천지
만물 · 일월성신을 받들어 이루시고, 착하고 악한 것을 상주고 벌
주시고, 오직 하나요, 둘이 없는 큰 주재자인 바로 그분입니다.
천주님은 지극히 공정하여 착한 일에 상을 주지 않는 일이 없고,
악한 일에 벌을 주지 않는 일이 없습니다. 그리고 공과 죄의 심판을
몸이 죽는 날 내리는 것입니다. 착한 이는 영혼이 천당에 올라가 영
원무궁한 즐거움을 받을 것이요, 악한 자는 영혼이 지옥으로 떨어
져 영원히 다함없는 고통을 받게 되는 것입니다.

한 나라의 임금도 상주고 벌주는 권세를 가졌거늘, 하물며 천지를 다스리는 거룩한 큰 임금인 천주님이 어찌 그런 권세가 없겠습니까? 어떤 사람들은 천주님께서는 왜 지금 사람들이 살고 있는 현세에서 착하고 악한 것을 상주고 벌주지 않느냐고 묻지만, 그것은 그렇지 않습니다. 이 세상에서 주는 상벌은 한계가 있지만 선악에는 한계가 없기 때문입니다."

많은 사람들은 안중근을 통해 천주교의 교리를 듣고 신앙심을 갖기 시작했다. 안중근의 천주교에 대한 믿음은 시간이 지날수록 두터워졌다. 이때 천주교는 안중근에게 있어 단지 신앙이 아닌 세상을 바라보는 눈이었다. 안중근은 자신은 물론 사람들 모두 천주교를 믿고 하느님의 교리를 따르며 사람다운 삶을 살기를 바랐다.

이와 같은 신앙심을 바탕으로 안중근의 행보는 언제나 당당했다. 학교를 세우고 의병에 나서고 마침내 국적(國賊) 이토 히로부미를 처단하기까지 그의 삶의 지표에는 항상 신앙심이 있었고, 민족의식이 있었다.

천주교 대학 설립의 꿈

안중근의 신앙심은 이러한 과정을 거쳐 일반 대중을 상대로 전도 연설을 할 정도에까지 이르렀다. 빌렘 신부에게서 교리 수업을 받고, 그를 수행해 해주·옹진 등을 순회하며 전도 활동도 벌였다(『안웅칠 역사』, 1979).

"사람은 오래 살아봐야 백 년을 넘지 못합니다. 또 어진 사람이나 어리석은 사람이나, 귀하고 천한 것을 물을 것이 없이 누구나 알몸 으로 이 세상에 태어났다, 알몸으로 저 세상에 돌아갑니다. 세상일 이란 이렇게 헛된 것입니다. 그런데 그런 줄 알면서도 왜 헛된 욕망 의 구렁텅이에서 허우적거리고, 또 악한 일을 저지르는지 안타깝 기 그지없습니다. 우리의 영혼은 죽어서도 없어지지 않고, 또 천주님은 우리가 살아 있을 때 저지른 일들에 대해 상벌을 내리실 겁니다. 우리의 모든 동포 형제자매들이 이 세상을 도덕적으로 만들어 다 함께 태평을 누리고, 죽은 뒤에는 천당에 올라 무궁한 영복을 함께 누리기를 바랍니다."

황해도 여러 지역을 순회하면서 전도 활동을 하던 안중근은 일반 대중들의 낮은 교육 수준에 대해 안타깝게 생각했다. 자연히 이들을 깨우치기 위한 문명개화적 교육의 필요성도 절실히 느꼈다. 그래서 안중근은 1899년경 '천주교 대학 설립 운동'을 전개했다. 천주교 신앙과 문명개화를 위해 학교를 설립하고자 했던 것이다.

하루는 안중근이 성당에 앉아 골똘히 생각에 잠겨 있는데, 누군가 다가와 말을 걸었다.

"무슨 생각을 그렇게 골똘히 하십니까?"

안중근이 돌아보니 빌렘 신부가 웃으며 옆에 서 있었다.

"아, 신부님. 옆에 계신 줄도 몰랐습니다. 잠시 생각에 잠겨 있었습니다."

빌렘 신부는 안중근의 옆에 앉았다.

"대체 무슨 생각을 그렇게 골똘히 하시기에 옆에 사람이 와도 모르십니까?"

안중근은 한참 동안 생각했던 것을 빌렘 신부에게 털어놓았다.

"우리 동포들이 학문에 눈이 어두워 걱정입니다. 하느님의 말씀을 전도하는 일도 쉽지 않습니다. 이런 상황이 계속된다면 나라의 앞일도 밝지 않을 겁니다. 사람이 곧 나라이고, 나라가 곧 사람이니까요."

빌렘 신부는 고개를 끄덕였다. 이어서 안중근이 입을 열었다.

"그래서 생각을 해 봤는데 말입니다, 천주교 대학을 설립하면 어떨까 합니다."

순간 빌렘 신부의 두 눈이 휘둥그레졌다.

"천주교 대학을 설립한다고요?"

"네, 그렇습니다. 학교를 설립하고 서양 수사들 중 박학다식한 몇 사람을 정중히 모셔와 사람들을 교육하면 어떨까 합니다. 재주가 뛰어난 자들이 체계적인 교육까지 받는다면, 수십 년이 지나지 않아 교회는 물론이고 이 나라도 큰 힘을 갖게 되는 것 아니겠습니까? 신부님, 생각은 어떠신지요?"

빌렘 신부는 생각에 잠긴 듯했다. 안중근은 빌렘 신부의 얼굴을 가만히 쳐다보며 그의 말이 떨어지기를 기다렸다. 학교를 설립해 가르치면 사람들은 교리를 더욱 깊이 이해하게 되고, 하느님의 말씀 안에서 올바르게 살아갈 것이 분명했다. 또한 사람들 모두가 신념을 갖고 올바르게 살아간다면 이 나라의 미래도 밝을 것이라고 안중근은 굳게 믿었다.

이윽고 빌렘 신부가 입을 열었다.

"그대의 말이 맞습니다. 배움은 끝이 없는 것이죠. 또한 배움으로써 더 깊은 신념과 믿음을 지닐 수 있습니다. 무지한 상태에서 갖는 무조건적인 믿음은 쉽게 깨져 버릴 수 있습니다. 그대의 말대로 학교를 세워 사람들을 교육시키고, 그 사람들이 더욱 확고히 천주교를 믿게 되면 이 나라는 하느님의 말씀 안에서 더욱 강한 나라가 될 것입니다."

안중근은 기쁨에 찬 목소리로 말했다.

"그럼, 신부님은 제 의견에 동의하시는 겁니까?"

"그래요. 나는 그대의 생각에 찬성합니다."

빌렘 신부의 말을 들은 안중근은 크게 기뻐했다. 그러고는 이내 학교를 설립할 계획을 세워 빌렘 신부와 함께 서울로 향했다. 뮈텔 주교(한국 이름은 민덕효)를 만나 의견을 전하기 위해서였다.

서울로 향하는 내내 안중근은 희망에 들떠 있었다. 비록 이제 시작에 불과했지만 학교가 설립되어 그곳에서 많은 이들이 교육받는다면 큰 인재들이 양성될 것이다. 이 인재들이 또다시 사람들에게 가르침을 전해 많은 사람들이 깨달음을 얻으면, 이 나라는 옳은 신념으로 바르게 살아가는 이들로 채워질 것이다. 그러면 지금처럼 동서양열강의 입김에 쉽게 휘둘리지 않는 굳건한 나라를 만들 수 있다. 안중근은 그런 모습을 상상하는 것만으로도 벌써 그런 미래가 다가온 듯 느껴졌다. 하지만 그런 희망도 잠시, 안중근은 이 모든 희망이 좌절되는 것을 경험해야 했다.

서울에 도착한 안중근과 빌렘 신부는 뮈텔 주교를 찾아갔다.

"아니, 빌렘 신부가 서울에는 웬일이십니까?"

뮈텔 주교는 안중근과 빌렘 신부를 반갑게 맞이했다.

"빌렘 신부님과 도마(안중근의 세례명)의 활약상은 익히 들어 잘 알고 있습니다. 두 분 덕분에 많은 사람들이 하느님의 품 안에서 기도하고 말씀을 전할 수 있게 되었다지요?"

빌렘 신부는 안중근의 어깨를 두드리며 말했다.

"그렇습니다. 특히 여기 도마의 역할이 큽니다. 저와 함께 사람들을 찾아다니며 주님의 말씀을 전하고 있지요. 오늘 이곳에 주교님을 뵈러 온 것도 더 많은 사람들에게 하느님의 말씀을 전할 수 있는 방법에 대해 의논드리기 위해서입니다."

"그래요? 어디 한번 들어 봅시다."

빌렘 신부가 안중근에게 눈짓을 보냈다. 안중근은 자신이 생각하고 있는 계획과 그 계획이 실현되었을 때 얼마나 많은 이들이 세상을 깨우치고, 하느님의 말씀을 더욱 깊이 받아들일 수 있을지에 대해 열심히 설명했다. 아직은 프랑스어가 서툴렀기 때문에 빌렘 신부가 옆에서 도와주었다. 뮈텔 주교는 아무 표정 없이 두 사람의 설명을 들었다.

자신의 계획을 모두 설명한 안중근은 뮈텔 주교의 표정을 살폈다. 뮈텔 주교는 한참 동안 아무 말이 없었다. 아마도 그 일의 타당성을 생각하는 듯했다. 안중근은 자신의 계획을 뮈텔 주교도 찬성할 게 분명하다고 생각했다. 누가 봐도 사람들과 나라와 교회를 위한 일이고, 그것은 바로 주님의 뜻과도 통하기 때문이었다.

안중근은 뮈텔 주교가 이 계획을 허락한 후에 어떤 일부터 진행해야 할지를 생각하느라 가슴이 벅차올랐다. 뮈텔 주교의 동의만 구한다면 지금이라도 당장 일을 시작하리라 생각했다. 그런데 한참 동안을 생각하던 뮈텔 주교의 입에서 전혀 뜻밖의 이야기가 흘러나왔다.

"뜻은 잘 알겠지만, 저는 그리 좋은 생각이 아닌 듯합니다."

뮈텔 주교의 말을 들은 안중근은 순간 자신의 귀를 의심했다.

"주교님, 그게 무슨 말씀이십니까?"

안중근은 굳은 표정으로 뮈텔 주교를 응시했다. 뮈텔 주교는 다소 곤혹스러운 표정으로 말을 이었다.

"사람들을 가르치는 것은 지금의 천주교 교리로도 충분합니다. 다른 교육을 시키기보다는 보다 많은 사람들에게 천주교 교리를 알리는 일에 집중하는 게 좋겠군요."

안중근은 어안이 벙벙했다. 지금까지 자기가 설명했던 바를 못 알아

▼ 뮈텔 주교(오른쪽 앞)

들은 걸까? 아니면 자신의 프랑스 말이 서툴러서 제대로 의사를 전달하지 못한 걸까? 안중근은 다시 한 번 뮈텔 주교에게 자신의 계획을 설명하려 했다. 그러나 뮈텔 주교는 손을 들어 안중근의 이야기를 저지했다.

"빌렘 신부와 도마가 노력하여 많은 사람들을 주님의 품으로 끌어들였지만, 거기에는 또 다른 이유가 있습니다."

"그게 뭡니까?"

"바로 사람들이 무지하기 때문이지요."

"……."

"만일 사람들이 교육을 받고 학문을 깨우치게 되면 오히려 천주교를 믿는 데 소홀해질 겁니다. 주님의 말씀을 있는 그대로 받아들이기보다는 자신의 지식만을 믿고 자신의 뜻을 더욱더 세우려 들겠지요."

안중근은 목소리를 한층 돋우어 말했다.

"그건 옳지 않은 말씀입니다. 오히려 자신의 무지를 깨우쳐 준 교회에 감사를 느끼고 주님을 더욱 따를 겁니다. 또한 사람들에게 세상의 진리를 알려주고, 그 가운데 옳은 뜻을 품고 바르게 살아가라는 것이 주님의 뜻이 아닙니까? 무조건 주님만 믿으라고 말하는 것보다는 주님의 말씀이 왜 옳은지, 그것을 스스로 깨닫게 하는 것이 더 좋은 방법이 아닙니까?"

안중근은 자신의 뜻을 사람들에게 설득하고 전달하기 위해 안간힘을 썼다. 하지만 이러한 노력을 하면 할수록 높고 단단한 벽을 맨손으로 치는 기분이었다. 뮈텔 주교는 안중근이 하는 말을 들으려고도 하지 않았던 것이다. 처음에는 안중근의 편이 되어 뮈텔 주교를 설득하던 빌렘 신부도 점차 입을 다물었다.

외국인 신부와 주교들은 한국인들에게 천주교 신앙은 가르쳐도 교육은 시키려 하지 않았다. 오히려 동포들의 참상을 지켜본 안중근의 학교 설립 제안을 냉정하게 거부했다. 학문을 배우게 되면 천주교를 믿는 데 소홀해진다는 납득하기 어려운 이유 때문이었다. 이에 대해 장석홍은 『안중근의 대일본 인식과 하얼빈 의거』에서 다음과 같이 밝혔다.

"한국인들의 근대화 내지 변화에 대한 프랑스 신부들의 부정적인 시각을 확인한 안중근은 이후 외국인 신부들에 대한 강한 불신을 갖게 되었다. 오로지 전도에만 관심을 가졌던 외국인 신부들의 종교적 가치관과 자신의 민족적 의식 사이에는 커다란 차이가 있음을 명백하게 확인할 수 있었던 것이다. 그는 천주교의 진리는 믿을지언정 외국인 신부들의 심정은 믿을 것이 못된다고 판단하기에 이르렀고, 그로 인해 빌렘 신부로부터 수개월 동안 배우던 프랑스어도 중단하고 말았다."

안중근에게 천주교 대학 설립에 대한 좌절은 깊은 충격이었다. 이로 인해 안중근은 외세에 대한 강한 거부감을 갖게 되었다. 나라는 점차 기울어 가고 있는데 백성들은 배우지 못해 그런 사정조차도 모르고 있었다. 안중근은 몇 해 뒤 결국 학교를 설립했다. 청년들을 깨우쳐 나라의 독립을 지키기 위해서는 반드시 학교가 필요하다고 믿었기 때문이다.

안중근은 '천주교 대학' 설립 문제로 주교와 신부들을 불신하게 되었지만 천주교 자체를 부정하거나 신앙생활을 게을리하지는 않았다. 그의 신앙생활은 죽는 날까지 변함이 없었고, 차츰 사회성 및 역사의식과 접목하기에 이르렀다.

해서교안으로 인한 탄압

안중근의 아버지 안태훈 형제들의 신앙에 대한 열정 역시 대단했다. 이들은 청계동에 상당한 규모의 성당을 세웠다. 그리고 1898년 4월, 빌렘 신부를 초청해 성당을 맡겼다. 청계동 성당은 황해도에서 두 번째로 큰 규모의 성당이었다. 이후 청계동 성당은 황해도 포교 사업의 지휘부와 같은 역할을 담당했다(박은식, 1975).

안태훈 일가의 헌신적인 지원으로 청계동 성당의 교세는 날로 확장되었다. 1898년에는 교인수가 140명이었던 것이 1900년에는 25개 공소에 영세 신자 800여 명, 예비 신자 600여 명으로 급격히 증가했다. 1902년에는 영세 신자가 1200여 명이었는데 인근에 사는 신도들까지 모여들어 대성황을 이루었다. 주일 미사 때는 성당 안으로 들어가지 못한 신자들이 마당에 가득 찰 정도였다. 이처럼 놀라울 정도의 교세

신장에는 안태훈의 열정과 안중근의 전도가 무엇보다도 크게 기여했다. 관리들의 가렴주구(苛斂誅求)에 시달리던 인근 백성들이 안 씨 가문과 외국인 신부의 보호를 받기 위해 신자가 된 경우도 없지 않았을 것이다.

청계동 성당의 교세가 크게 확장되고, 빌렘 신부와 안태훈이 지역 주민들의 신망을 받게 된 데는 또 다른 계기가 있었다. 1897년 11월 어느 날 뮈텔 주교가 청계동을 찾아온 길에 신천군을 방문했는데, 그때 군수가 직접 나와 영접한 것이 주위에 알려지면서 천주교의 위상이 더욱 높아진 것이다.

안태훈과 천주교의 위상이 강화될수록 정부기관의 감시와 질시도

▼ 해주 천주교 본당

심해졌고 마침내 해서교안(海西敎案)이 일어났다. 1890년부터 황해도 지역에 천주교도가 급속히 증가하면서 관리들의 박해가 심해지자 교도들이 반발한 것이다.

해서교안이란, 1902년을 정점으로 이를 전후하여 황해도 지방에서 천주교회와 관청 사이에서 빚어진 일련의 충돌 사건을 말한다. 교안은 이미 1886년, 즉 한불조약(韓佛條約)이 체결된 직후부터 발생하였다. 한불조약은 프랑스 선교사에게는 종교의 자유를 인정하였으나 선교의 대상인 한국인에게는 아직 종교의 자유를 허용하지 않았고, 또한 선교사들에게 개항지에서의 정착은 인정하였으나 기타 지방에서의 정착은 인정하지 않았다. 그런데 이미 지방에 정착해 있던 선교사들이 적지 않았을 뿐더러 본당의 증설로 인해 선교사의 지방 진출이 잦아지면서 자연히 지방 관리와의 충돌이 발생하게 되었다. 교안이 주로 지방에서 발생하게 된 것은 바로 이러한 연유 때문이었다.

한국인에게도 종교의 자유가 인정된 것은 1899년의 교민조약(敎民條約)에서 비롯되었고, 선교사에게 지방에서 정착할 권리가 인정된 것은 1904년의 선교조약(宣敎條約)에서 시작되었다. 비록 교민조약에서 한국인의 종교의 자유가 인정되었을지라도 아직 이에 대한 계몽과 이해가 부족하였고, 특히 유교적 사회 속에 깊이 뿌리박은 척사정신(斥邪精神)과 양이(攘夷)에 대한 적대감으로 말미암아 그 후에도 교안은 그치지 않았다.

더욱이 1901년에는 제주교난(濟州敎難)과 같은 최대의 교안마저 낳게 함으로써 교민조약을 지방적으로 재확인하지 않을 수 없게 만들었다. 교민조약의 채결 이후에도 일부 지방 관리들이 반천주교적 행동을 일삼은 데는 또 다른 중요한 이유가 있었다. 첫째는 중앙정부의 행정 문란 때문이요, 둘째는 그들의 가렴주구를 은폐 또는 정당화하려한 때문이었다. 행정의 문란과 가렴주구에 몹시 시달려 오던 백성들은 이에 대항하고자 천주교에 입교함으로써 교회에서 그 의지처를 구하려는 사람들이 많았다. 이로 인해 개종률이 갑자기 높아지게 되었는데, 황해도의 경우가 특히 그러하였다. 물론 지방 관장들은 외국인 선교사 앞에서 신자들에 대한 불의한 행위를 중단할 수밖에 없었다. 그러나 기회와 구실만 있으면, 그들의 부정행위를 가로막는 선교사와 신자들을 괴롭히고 복수하려 하였다(박은식, 1975).

3년여 동안 교도들의 반발이 계속되자 이 지역의 천주교 본부 역할을 하던 안태훈 가문에도 고난이 닥쳤다. 안태훈 가문과 천주교 세력 그리고 정부 사이의 갈등은 날이 갈수록 심화되었다. 정부는 사핵사 이응익을 파견해 그동안의 분쟁 과정을 자세히 조사하도록 했다. 이응익은 고종황제에게 올린 보고서에서 안태훈 형제와 빌렘 신부 등을 체포할 것을 건의했다. 이처럼 관리들이 천주교를 탄압하기 위해 작성한 보고서로 인해, 조선 정부는 1899년 3월 안태건을 구속했지만 빌렘 신부의 노력으로 간신히 풀려났다.

그러나 안태훈 일가의 시련은 계속되었다. 안중근은 아버지와 삼촌이 관가에 끌려가는 등 어려움에 처하게 되자 서울로 뮈텔 주교를 찾아가 구원을 요청하는 등 몇 해 동안 '해서교안'에 매달려 바쁜 나날을 보냈다. 이 시기에 안중근의 신앙심은 더욱더 굳건해졌다. 그렇다고 안중근은 교리만 맹신하는 사람은 아니었다. 천주교를 탄압하는 관리들이나 심지어 빌렘 신부의 오만무례한 행위를 강하게 규탄하기도 했다. 신앙심에 대해 안중근은 그의 자서전 『안응칠 역사』에서 이렇게 말하고 있다.

"금광의 감독이라는 자리에 있는 주 씨라는 사람이 천주교를 비방하고 다녀 그 피해가 자못 적지 않았다. 그래서 내가 대표로 주 씨가 있는 곳으로 파견되었다. 그에게 사리를 따져 가며 질문을 하고 있는데, 금광 인부들 사오백 명이 험악한 기세로 각기 몽둥이와 돌을 들고 옳고 그른 것을 따지기도 전에 나를 두들겨 패려고 나오니, 이것이 바로 법은 멀고 주먹은 가깝다는 경우였다.

다급해진 나는 다른 방도가 없어 오른손으로는 허리에 차고 있던 단도를 뽑아 들고 왼손으로는 주 씨의 오른손을 잡고서 큰소리로 꾸짖었다.

'네가 비록 백만 명의 무리를 가졌다고 해도 네 목숨은 내 손에 달려 있는 줄 알아라.'

주 씨가 대단히 겁을 내며 둘러선 인부들을 물리쳐 내게 손을 못대게 했다. 나는 주 씨의 오른손을 움켜쥔 채로 출입문 밖으로 끌고 나와 십여 리를 함께 간 다음에 그를 놓아 보내고 나도 무사히 돌아왔다."

여기서도 안중근의 상무적인 기풍과 의협심의 일면을 엿볼 수가 있
다. 그는 어떠한 위급한 경우에도 물러서거나 몸을 사리지 않았다.

정의와 의협심으로 불타오르던 사나이

빌렘 신부와 안중근의 충돌은 그의 의협심을 돌아보게 하는 하나의 '사건'이기도 하다. 빌렘 신부는 안 씨 가문에 천주교를 전도하고, 안태훈 일가가 군량미 사건으로 어려움에 빠졌을 때 이를 해결해 주는 등 아주 절친한 협력관계에 있었다. 하지만 그런 사실 때문인지 빌렘은 때로 신부로서의 품위를 잃거나 한국인들을 무시하는 경우가 종종 있었다.

이에 분개한 안중근이 그 부당성을 제기하자 화가 난 빌렘 신부는 안중근을 심하게 구타했다. 그러나 안중근은 물러서지 않았고 사례를 일일이 들어 반박했다. 빌렘 신부는 그제서야 자신의 행동을 사과했다. 이처럼 안중근은 종교적 대행자라 할지라도 민족의식을 침해하는 경우에는 이를 단호히 배격하고 반드시 사과를 받아냈다. 박은식은 안중근의 의협심에 대해 다음과 같은 일화를 소개하고 있다(박은식, 1975).

"무술년(1898) 3월 어느 날, 안중근은 서울에서 동지 몇 사람과 함께 거리를 산책하고 있었다. 때마침 말을 타고 지나가던 한국 사람이 있었는데, 어떤 일본 사람이 갑자기 나서더니 다짜고짜로 그 한국 사람을 잡아당겨 말에서 떨어뜨리고는 말을 빼앗아 가려 했다. 이 일을 목격한 안중근은 큰소리로 질책하여 왼손으로 그 자의 멱살을 잡고, 오른손으로는 권총을 꺼내어 그 자의 복부를 겨누고 '나쁜 놈의 자식, 감히 이런 불법 행실을 하다니. 말을 주인에게 돌려주면 너를 살려주고 그렇지 않으면 죽일 테다'라고 호통쳤다. 일본 사람들은 주위를 돌아볼 뿐 겁을 먹어 감히 역성을 들지 못했다. 그 자가 말을 돌려주겠다며 빌자 안중근은 놓아주었다. 한국 사람들은 쾌재를 불렀으며, 안중근의 이름을 알아보려는 자가 많았다.

기막힌 일이었다. 한국에 거류하는 일본 사람들은 백주에도 큰 도회지에서 곁에 사람이 없는 것처럼 공공연하게 이런 불법을 저지르고 다녔다. 이것은 무엇 때문인가 하면 우리의 민심을 떠보려는 짓이었다. 본시 일본이 남의 나라를 먹으려 꾀할 때는 임기응변의 교활한 모략과 빈틈없는 계책을 쓴다. 무릇 타국에 사는 일본인은 상하귀천을 막론하고 모두 정치적 두뇌를 가진 자들이어서 행상꾼이든 노동자든 약장사든 매음녀든 할 것 없이 모두가 정탐꾼

질을 했다. 이런 자들은 암암리에 국정을 탐지하며 민심을 떠보고는 정계에 제공했던 것이다. 이 어찌 무서운 일이 아니겠는가?

그때 만일 안중근이 나서서 일본인의 횡포한 기세를 꺾지 않았다면 그 자는 기필코 한국 사람을 혈기 없고, 고통당하는 형제를 모른 체하는 의리 없는 자, 애국심과 적개심이 없는 자들로 여겼을 것이며, 이런 자들을 노리지 않고 누구를 노리느냐고 생각했을 것이다. 그들은 강제로 물건을 뺏는 것으로부터 나아가서는 나라를 빼앗으려 할 것이니 이를 어찌 사소한 일이라 할 수 있으랴. 그 자들 가운데는 한국 각지에서 이처럼 민심을 떠보는 수작을 하는 자들이 많았다. 안중근은 제 몸을 천백 쪽으로 쪼개어서라도 각지에서 고통당하는 동포를 구하려 했다.

안중근의 가정은 본시 살림도 유족하였고 식구도 많았다. 그러나 그는 살림살이는 거들떠보지도 않고 날마다 각지의 유지들을 찾아다니며 상무주의를 제창했다. 다른 사람 돕기를 목마른 자 물 생각하듯 하는 성품이어서 그들 가운데 가난한 자가 있으면 안중근은 가산을 탕진해서라도 도와주려 했으며, 좋은 무기가 있으면 전답을 팔아서라도 사들였으니 살림살이가 점점 궁해졌지만 안중근은 조금도 아랑곳하지 않았다."

안중근의 의협심과 정의감은 각종 자료에서도 드러난다. 안중근이 뤼순 감옥에서 집필한 자서전에는 젊은 날의 혈기 방장한 여러 가지

활동상이 담담하게 기술되어 있다. 안중근의 이와 같은 행동 철학은 천주교 신앙과 사상에서 싹튼 것이다. '사람이 의롭게 살지 않으면 유한한 삶은 부질없다'는 것이 안중근의 삶과 신앙의 지표였다. 박은식은 안중근의 이와 같은 '신앙고백' 두 편을 소개하고 있다(박은식, 1975).

"아! 사람의 목숨이란 길어야 백년입니다. 또 어진 사람이나 어리석은 사람이나, 귀한 사람이나 천한 사람이나 가릴 것 없이 누구나 알몸으로 이 세상에 태어났다가 알몸으로 저세상으로 돌아가는 것이니, 이것이 이른바 공수래공수거(空手來 空手去)라는 것입니다. 세상일이라는 것이 이다지 헛된 것인데, 그런 줄 알면서도 왜 허욕의 구렁텅이에서 허우적거리며, 악한 일을 하고도 깨닫지 못하는 것입니까? 나중에 뉘우친들 무슨 소용이 있겠습니까?

만일 천주님의 상벌도 없고, 또 영혼도 몸이 죽을 때 따라 없어지는 것이라면, 잠깐 머물다 가는 이 속세에서 부귀영화를 꾀함직도 합니다. 그러나 영혼이란 죽지도 않고 사라지지도 않는 것이며, 천주님의 지극히 높은 권한도 불을 보듯이 명확한 것이므로 그런 영화는 덧없는 것일 뿐입니다."

"저 하늘과 땅과 해와 달과 별과 같은 넓고 큰 것과, 날고 달리는 짐승들, 온갖 식물들, 이러한 기기묘묘한 만물이 어찌 지은이 없이 저절로 생성될 수가 있겠습니까? 만일 저절로 생성된 것이라면 해와 달과 별이 어떻게 어김없이 운행되며, 봄, 여름, 가을, 겨울이 어떻게 틀림없이 질서 있게 돌아갈 수 있겠습니까?

집 한 칸, 그릇 한 개도 만든 사람이 없으면 생겨날 수 없는데, 하물며 물과 땅 위의 그 수많은 기계들이 주관하는 사람이 없다면 어떻게 저절로 운전할 수가 있겠습니까? 그러므로 믿고 안 믿고는 보고 못 본 것에 달린 것이 아니라, 이치에 맞고 안 맞고에 달린 것입니다.

이러한 몇 가지 증거를 들어, 지극히 높은 천주님의 은혜와 위엄을 확실히 믿어 의심하지 아니하고, 몸을 바쳐 봉사하며, 만약의 사태에 대비하는 것이야말로 우리 인류의 당연한 본분인 것입니다."

안중근 가문의 천주교 입교와 이율배반

안중근의 생애에서 천주교 입문은 '획기적'이라 할 만큼 대단한 사건
이었다. 안중근 일가는 천주교 입교를 통해 세계와 민족을 만나게 되
었고, 신앙생활에서도 항상 의로움을 추구하며 행동윤리로 삼았다. 아
버지 안태훈이 '정의'를 가훈으로 내걸고 가정을 일군 것이 안중근에게
이어지고 승화되었다고 할 수 있다.

안중근의 아버지 안태훈은 1896년 10월 군량미 사건으로 피신했을
때 프랑스 선교사들의 보호 아래 있으면서 그들을 통해 천주교 신앙에
대해 알게 된 것으로 전해진다. 그 후 안태훈은 입교를 결심하고 많은
천주교 서적을 가지고 청계동으로 돌아왔는데, 이때를 그의 천주교 입
교 시점으로 보고 있다. 당시 안태훈이 가져온 서적은 『교리문답』과
『12단』 등 120권의 천주교 관련 서적이었다.

그러나 신운룡은 『안중근의 민족운동 연구』에서, 안태훈이 종현성당에 체류하기 전에 이미 천주교를 받아들였다는 주장을 펴기도 한다(『한국독립운동사』, 1999).

"안태훈이 천주교를 종교로 받아들인 시점은 적어도 1896년 1월, 단발령이 내린 무렵인 것으로 보인다. 즉 그는 1896년 1월 단발령으로 전국이 들끓고 있을 무렵, 거병하자는 김구의 제안을 '천주교나 봉행하다가 후일에 견기(見機)하야 창의를 하겠으냐'라고 거절했다. 그리고 이때 안태훈은 개화나 천주교에 대한 관심을 '단발'로 표출하기도 했다. 이는 안태훈과 고능선이 결정적으로 노선을 달리하는 계기가 되었다. 김구도 안태훈을 빗대어 같은 민족인 동학도를 토벌하고 양이의 서학을 한다고 불만을 토로하며 청계동을 떠나기로 결심했다."

그러나 안중근의 경우, 아버지에게서 자연스럽게 천주교를 전수받았지만 그의 신앙심은 부친의 개종에 따라 갖게 된 것은 아니었다. 그의 천주교 신앙은 모태신앙이라 할 정도로 독실하고 돈독했다. 정인상은 『안중근의 신앙과 윤리』에서 이에 대해 다음과 같이 밝히고 있다(『한국독립운동사』, 1999).

"안중근의 입교는 가톨릭 가정에서 출생한 것에 의한 귀속적인 것도, 또 강렬한 종교적 경험에 바탕을 둔 개종도 아니었다고 할 수 있다. 그가 가톨릭 신앙을 갖게 된 것은 부친의 개종에 따른 하나의 부수적인 결과였으며, 개종의 동기 또한 세속적인 것과 상당한 관련을 맺은 것이라고 할 수 있다. 그러나 이러한 한계성에도 불구하고 교회 활동에 대한 참여가 늘어남에 따라 그의 신앙과 영성은 놀랄 만한 성장을 나타내기 시작했다."

신앙심이 깊어지면서 안중근은 교인들이나 일반 백성들에게 천주를 믿을 것을 권했다. 안중근은 그의 자서전에서 다음과 같이 역설하기도 했다.

"대개 천지간 만물 가운데 오직 사람이 귀하다고 하는 것은 혼히 신령하기 때문이오. 혼에는 세 가지가 있는데, 첫째는 생혼(生魂)이니 그것은 금수의 혼으로서 능히 생장하는 혼이오. 둘째는 각혼(覺魂)이니 그것은 금수의 혼으로서 능히 지각하는 혼이오. 셋째는 영혼이니 그것은 사람의 혼으로서 능히 생장하고 능히 도리를 토론하고 능히 만물을 맡아 다스릴 수 있기 때문에 오직 사람이 가장 귀하다는 것이오.

사람이 만일 영혼이 없다고 하면 육체만으로는 짐승만 같지 못할 것이오. 왜냐하면 짐승은 옷이 없어도 추위를 나고 직업이 없어도 먹을 수 있고 날 수도 있고 달릴 수도 있어 재주와 용맹이 사람보다

낫기 때문이오.

그러나 하 많은 동물들이 사람의 절제를 받는 것은 그것들의 혼이 신령하지 못하기 때문이오. 그러므로 영혼의 귀중함은 이로 미루어서도 알 수 있는 일인데 이른바 천명의 본성이란 것은 그것이 지극히 높으신 천주께서 사람의 태중에서부터 부어 넣어주는 것으로서 영원무궁하고 죽지도 멸하지도 않는 것이오."

또한 정인상은 안중근의 사상 형성이 개화사상과 천주교 사상의 수용을 통해 시작되었다고 보고 다음과 같이 말했다(『한국독립운동사』, 1999).

"안중근의 사상 형성은 개화사상과 천주교 사상의 수용을 통해 시작되었다고 볼 수 있다. 이 두 가지 사상의 접촉을 통해 안중근은 근대 민족의식과 민권의식을 확립할 수 있었으며, 이 사상은 항일 독립운동으로 실천되어 의병독립전쟁과 이토 히로부미 암살 등을 가능하게 했던 것이다."

한편 오영섭은 『한국 근현대사를 수놓은 인물들』에서 천주교가 안태훈 가문과 안중근에게 미친 영향에 대해 이렇게 설명하고 있다.

"1900년 전후 안태훈 가문에 천주교는 긍정 · 부정의 이중적 영향을 미쳤다. 먼저 긍정적 영향으로는 그들이 천주교 신앙을 통해 점차 상무적 무반 기질과 현세적 공리성과 세속성을 벗어던지고 종교적 경건성과 순수성을 지닌 애국 집단으로 변신했을 뿐 아니라 천주교를 가져온 프랑스 신부들을 통해 서양의 근대 사상과 문물을 자연스럽게 수용했다는 점을 들 수 있다.

부정적 영향으로는 그들이 프랑스 신부들에게 의지해 가문의 세력을 유지하고 확대하는 동안 제국주의 세력의 침략적 속성을 정확히 파악할 수 없는 한계를 지니게 되었다는 점을 들 수 있다. 이러한 이율배반적인 양면성은 당시 서양 종교를 신봉했던 모든 한국인들에게 동일하게 적용되는 것이었다.

그러나 다른 가문과 달리 안태훈 가문은 일본제국주의 침략논리와 식민통치를 적극 옹호하거나 묵인했던 프랑스 신부들과 밀착해 있었기 때문에 이러한 양면성이 더욱 선명히 드러날 수밖에 없었다. 따라서 안태훈 가문으로서는 프랑스 선교사의 제국주의적 속성을 분명히 깨닫는 한편, 천주교 신앙과 근대적 민족주의 사상을 합일시켜 나가야 하는 어려운 과제를 안게 되었다."

- 4장 -

나라 잃은 슬픔을 배우다

國家安危
勞心焦思

러일전쟁의 발발과 일본의 국권 침탈

　한반도를 둘러싼 정세는 심상치 않게 돌아가고 있었다. 특히 러시아와 일본의 관계는 심각했다. 청일전쟁에서 패배한 청국은 열강에 의한 세계 분할의 마지막 무대가 되고, 중국에서 이권을 얻으려는 국제적인 대립은 날로 격화되어 갔다. 러시아는 동청철도 부설권과 뤼순·다롄 조차권을 차지하고, 조선에 대한 일본의 우위를 위협했다. 이로 인해 두 나라 사이에는 날카로운 대립각이 세워졌다.

　국제 정세는 영·미·일을 축으로 하는 해양 세력과 러시아, 프랑스를 축으로 하는 대륙 세력 간의 대치 양상을 띠고 있었다. 일본은 조선에서 친러파인 명성황후를 시해하는 을미사변(乙未事變)을 일으켜 반일감정이 격화되는 등 수세에 몰려 있었다.

　을미사변은 1895년 음력 8월 20일(양력 10월 8일) 경복궁에서 명성황후 민 씨가 조선 주재 일본 공사 미우라 고로(三浦梧樓)가 지휘하는 일본 낭인 등에 의해 시해된 사건이다. 일본은 조선을 침략하는 데 가장 큰 걸림돌인 명성황후를 살해하려 했고, 조선 측에서도 흥선대원군, 우범선, 이두황, 이진호, 전 군부협판 이주회, 개화파 문신 유길준, 친일파 송병준의 사위 구연수 등 다양한 계층의 조선인 지도자들이 일본과 내통하여 이에 협조했다.

일본을 출발하여 인천 제물포 항구에 나타난 일본 낭인들은 조선인

▼ 명성황후 시해 장소 4가지 설

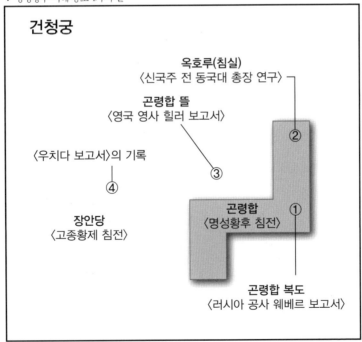

군관들의 경호와 안내로 경복궁까지 3시간 만에 진입했다. 홍계훈이 이끄는 근위대를 제압하고 경복궁에 나타난 이들은 궁녀 복장을 한 왕비를 찾아내 살해한 뒤, 시신을 건청궁 동쪽 녹원에서 석유를 뿌려 소각한 뒤 연못에 던졌다. 이 사건은 '명성황후 시해참변' 또는 '명성황후 시해사건'이라고도 부르며, 당시에는 '을미년의 변(乙未之變)' 또는 '을미년 팔월의 변(乙未八月之變)'이라고 불렀다. 그리고 그때의 암호명은 '여우사냥'이었다.

그동안 일본은 조선의 분쟁에 일본 낭인들이 개입한 사건이라고 주장했지만, 2005년에 일본 영사 우치다 사다쓰지가 을미사변 사건 두 달 뒤에 작성해 일본 천황이 결재한 보고서가 공개되면서 그 전말이 비로소 알려지게 되었다.

한국에서는 일반적으로 이 사건을 고종이 아관파천을 결정하게 된 주요 원인으로 보며, 또한 의병 봉기의 계기가 되었다고 여긴다. 더불어 대한제국 성립의 한 원인으로 평가한다. 그리고 이 사건을 계기로 한국의 개화파들 중 일부는 일본으로 망명하게 된다. 사건의 주요 가담자 중 한 사람인 조선군 1대 대장 우범선은 후에 조선 조정에서 파견한 자객 고영근에 의해 암살된다.

대원군의 가담 여부에 대해서는 일본의 억측이나 누명이라는 시각이 지배적이었으나, 1990년대 초 대원군의 가담 의혹이 제기되면서 이를 보는 입장이 바뀌었다. 그리고 유길준이 미국인 은사 모스 목사에게 보낸 편지에서 흥선대원군을 조선인 최고위 협력자로 지목한 사실이 알려지게 된다. 이후 박은식의 『한국통사』와 황현의 『매천야록』 등 서로 다른 시각을 가진 인사들에 의해 흥선대원군이 명성황후 암살 협력자로 지목되었다.

사건을 조명함에 있어 조선인 협력자들의 존재 역시 간과하기 힘들다. 흥선대원군은 일본 공사관을 찾아가 명성황후 제거에 도움을 요청했는데, 이를 두고 여러 가지 상반된 평가가 존재한다. 박은식은 춘추전국시대에 조돈(趙盾)이 왕을 암살한 것을 비유하여 이와 다를 바 없다고 평가하였으며, 감정이 사람의 양심을 가린 일이라고 비판하였다. 편지에서 유길준은 명성황후 암살은 실행되었지만, 흥선대원군이 명성황후 암살 문제를 일본공사와 협의하고 일본 측에 도움을 요청한 것은 큰 실수였다고 지적하였다. 그러면서도 유길준은 "도움을 얻기 위해서는 달리 방법이 없었을 것"이라는 의견도 덧붙였다.

대원군을 암살 배후로 지목한 유길준 역시 일본 낭인들의 지휘자로 지목됐다. 윤치호는 그의 일기에서 유길준이 명성황후를 암살한 일본 낭인들의 지휘자 중 한 사람이라고 지목하였다. 명성황후가 암살당할 무렵 윤치호는 유길준과 일본인 이시쓰카가 사건의 전말을 눈치채지 못하게 하려고 자신을 저녁 식사에 초대한 것이라고 주장했다. 당대에도 조선인 협력자들의 이름이 지목되었으나, 유길준은 피신해도 대원군은 고종의 생부이니 처벌할 수 없었으며, 처벌은 일본 공사관 통역관 박선, 전 군부차관 이주회 선에서 종결되었다.

한국의 친일파나 일본의 극우 인사들은 한국의 근대화를 방해하는

'민비'를 처단함으로써 한국의 근대화를 촉진하였다고 주장한다. 반면 그와 같은 주장에 대해 서구화만을 근대화로 오해하여 자주적 근대화를 수구·반동으로 여겨서 일으킨 폭거라는 시각도 존재한다.

한편 러시아는 친러정권을 수립한 데 이어 만주에 출병해 청국과 비밀협약을 맺었다. 또 압록강 하류 용암포를 점령해 포대를 쌓고, 극동총독부를 세워 남하정책을 추진했다. 이러한 러시아의 남하정책에 위협을 느낀 일본은 1904년 2월 러시아에 최후통첩을 하고, 선전포고도 없이 인천에 정박 중인 러시아 군함을 격파하는 한편, 뤼순 항의 러시아 함대를 기습 공격했다. 러일전쟁이 발발한 것이다.

러일전쟁은 1904년 2월 8일에 발발하여 1905년 가을까지 계속된 일본과 러시아 간의 전쟁으로, 만주와 한반도에서 주도권을 쟁취하려는 무력 충돌이었다. 러일전쟁의 주요 무대는 만주 남부, 특히 요동반도와 한반도 근해이며, 러시아와 일본의 만주와 한반도를 대상으로 한 제국주의적 욕망이 충돌하여 발생하였다. 러시아는 러시아 해군과 해상무역을 목적으로 태평양 연안에 있는 부동항을 얻고자 했다. 블라디보스토크는 사용 가능한 유일한 항구로, 주로 여름에 이용되었다. 하지만 뤼순 항은 연중 내내 사용할 수 있었다.

청일전쟁 이후인 1903년 8월에 시작된 차르 정부와 일본 간의 협상에서 일본은 만주에서 러시아의 주도권을 인정해 주는 대신 한반도에서 일본의 주도권을 요구하였다. 하지만 러시아는 이를 거부하고 한반도를 북위 39도선을 경계로 북쪽은 러시아, 남쪽은 일본이 주도하는 분할통치안을 역제안했으나 결렬되었다. 일본은 1904년 협상 결렬 후 러시아가 전략적 이익을 위해 전쟁을 선택할 수 있다고 판단하고, 대한제국에 대한 독점적 영향력을 행사하기 위해 전쟁을 일으킨다.

무너지는 러시아 제국과 미국, 영국, 프랑스의 도움을 받던 일본 제국이었지만 모두가 러시아 제국의 승리를 예상했다. 그러나 몇 차례의 전투 끝에 주변 나라들의 예상을 완전히 뒤엎고 일본 제국이 승리를 거두게 된다. 일본 제국이 순식간에 동아시아의 판도를 크게 뒤바꾸면서 본격적으로 세계 무대에 등장하게 된 것이다. 러시아 제국은 이전부터 '피의 일요일' 같은 치열한 내전과 여러 가지 문제들이 산재해 있었는데, 이 사건으로 차르 정부에 대한 불만이 걷잡을 수 없이 커져 결국 적백내전이 발생하게 된다.

러일전쟁의 기미가 보이기 시작하자 대한제국 정부는 국외중립을 선언했다. 그러나 일본은 이를 무시하고 전쟁이 시작되자 재빨리 서울에 군대를 진주시킨 후 한일의정서를 강제로 체결했다. 한일의정서는, 1904년 2월 23일 러시아와 전쟁을 일으킨 일본이 한국 식민지화의 제1단계로서 한국에 강제하여 체결한 외교 문서로 전문 6조로 되어 있다. 의정서의 주요 내용은 대략 다음과 같다.

대일본제국 정부는 대한제국 황실의 안전을 도모하고, 독립과 영토 보전을 보장하며, 이를 위한 일본 정부의 신속한 조치가 필요한 경우에 대한제국 정부는 일본에 충분한 편의를 제공할 것, 또한 일

▲ 러일전쟁 당시 일본군의 야포

본 정부는 이러한 목적을 달성하기 위하여 전략상 필요한 지점을 사용할 수 있고, 이 협정의 취지에 위반되는 협약을 제3국과는 체결할 수 없다.

일본은 이 의정서에 근거해 군사적 목적을 위한 광대한 토지를 군용지로 점령했고, 우리나라의 통신 기관도 군용으로 사용하기 위해 강제로 접수했다.

러일전쟁의 결과, 일본은 남만주로 진출하고 러시아로부터 조선의 독점적 지배를 인정받는다. 여기에 1905년 10월, 러일전쟁 종전 직후 일본 가쓰라 총리와 미국 루즈벨트 대통령의 특사 태프트 육군 장관이 조선을 일본의 손아귀에 넘기는 내용의 비밀협약을 맺는다. 이 '가쓰라-태프트 밀약'은 미국의 필리핀 지배를 일본이 인정한다는 내용을 전제로 하고 있었다.

미국은 "일본이 조선에 대한 보호권을 확립하는 것이 러일전쟁의 논리적 귀결이며, 극동의 평화에 직접 공헌할 것으로 인정한다"면서 조선을 식민지화하려는 일본의 침략정책을 묵인하고 방조했다. 이로써 한반도는 일제의 독무대가 되고, 1905년 11월 17일 조선의 외교권을 박탈하는 을사늑약이 강제로 체결되었다. 을사늑약은 사실상 대한제국의 국권을 탈취하는 조약이었다.

계몽운동에 뛰어들다

이처럼 국내외 정세가 급박하게 돌아가는 것을 안중근은 무거운 마음으로 예의 주시했다. 러일전쟁이 일어나고 국운이 기울어 가는 국망지추에 안중근은 20대 중반의 청년이었다. 안중근은 「황성신문」, 「대한매일신보」, 「제국신문」과 미국에서 발행된 「공립신문」 등의 논설을 통해 국내외 정세의 변화를 주시하는 한편, 『태서신사』를 비롯해 각국의 역사책을 탐독하면서 민족의 진로를 심각하게 걱정하고 있었다.

러일전쟁을 지켜보던 안중근의 마음은 착잡하기 이를 데 없었다. 안중근은 신문과 세계 각국의 사정이 담긴 책을 통해 국내외 정세의 흐름을 어느 정도 파악하고 있었고, 이 전쟁의 목적이 한국을 가운데 놓고 서로 먹겠다고 벌이는 쟁투라는 사실도 알고 있었다. 빌렘 신부 또한 한국의 정세가 심상치 않음을 염려했다.

"이 나라의 미래가 매우 위태롭군요."

"왜 그렇습니까?"

안중근은 현재의 상황에 대한 빌렘 신부의 의견을 듣고 싶어 물었다.

"러시아가 이기면 러시아가 한국을 소유하려 할 테고, 일본이 이기면 일본이 한국을 지배하려 들 것이 분명하기 때문이지요. 어떤 경우라도 한국은 좋지 않은 결과를 보게 될 겁니다."

빌렘 신부의 말을 들은 안중근은 마음이 더욱 무거워지는 것을 느꼈다. 평소 신문을 읽으며 생각했던 바와 빌렘 신부의 말이 다르지 않았기 때문이다.

안중근은 이 전쟁이 러시아와 일본 두 나라가 한국을 두고 벌이는 싸움이라는 것을 잘 알고 있었다. 사실 전쟁이 일어나기 전까지만 해도 안중근은 러시아가 남하정책을 펼치는 것에 대해서만 염려하고 있었다. 그동안 서양의 다른 나라들도 한국을 침략하려 호시탐탐 기회를 엿보고 있었지만, 그중 제일 위험한 것이 러시아라고 생각했다. 그것은 러시아가 서유럽 제국주의 열강 가운데 유일하게 우리나라와 영토를 맞대고 있었기 때문이다. 러시아가 남하정책을 펼치면 한국은 위험해질 것이 분명했다.

청일전쟁 와중에 친일단체인 일진회를 비롯한 부일배들이 일본의 승리를 위해 발 벗고 나섰다. 이들은 러일전쟁에서 일본의 승리를 기대하며 일본군에 군수품 운송을 지원하는 등 협력을 아끼지 않았다.

대중에게 영향력이 컸던 면암 최익현 등 유림계의 거두들도 일본군을 지지하면서 러시아 세력을 물리쳐야 한다고 외치고 있었다.

이러한 상황에서 안중근은 자신도 모르게 러일전쟁에서 일본이 승리하기를 바랐던 것 같다. 당시 러시아가 영토에 대한 야욕을 보이면서 한반도를 위협하자 민심이 일본이 승리하기를 바라는 쪽으로 기운 것이다. 안중근은 10·26의거 뒤 집필한 『동양평화론』에서 러시아의 남하정책을 다음과 같이 비판하고 있다.

"러시아는 동양 함대를 조직하고 프랑스, 독일과 연합하여 요코스카 해상에 진입하여, 일본이 청일전쟁의 대가로 빼앗은 요동반도를 청국에 반환할 것과 배상금을 삭감할 것을 요구해 왔다. 표면에 나타나고 있는 러시아의 움직임은 천하의 공법을 따르는 정의의 사도처럼 보이나 그 내면에는 사람의 심술보다 더한 것이 도사리고 있었다.

러시아는 몇 해도 못 가서 교활한 수단으로 뤼순을 조차해 군항을 확장하고 철도를 건설하기에 이르렀다. 러시아인은 수십 년 이래 봉천 이남의 다롄·뤼순·우장 등의 따뜻한 항구를 한 곳이라도 차지하려는 욕심이 불과 같았으나 감히 손을 뻗치지 못하고 있었다. 그것은 청국이 영국, 프랑스 양국으로부터 텐진을 침범당하고, 관동의 각 요새에 신식 병기를 설치하여 경계를 강화한 때문이었다. 그러던 차에 이때를 절호의 기회로 삼은 것이다."

안중근은 러일전쟁이 발발하기 전까지는 특별히 배일사상을 갖고 있지 않았다. 이것은 10·26의거 뒤의 심문조서에서도 그대로 드러난다. 그는 심문에서 이렇게 진술했다.

"실제 한국 인민은 일러 전쟁 전까지는 호개의 친우로 일본을 좋아했고, 한국의 행복으로 믿고 있었다. 우리들 따위도 결코 배일사상 같은 것은 가지고 있지 않았다."

안중근의 배일사상은 러일전쟁 과정에서 일본의 한국 지배 야욕을 꿰뚫어 보면서 싹트기 시작했다. 일본이 러일전쟁을 도발한 것이 결코 한국을 도와주기 위해서가 아니라, 한국을 집어삼키고 대륙 침략의 발판으로 삼고자 한 것임을 간파한 것이다.

일제의 한국 침략 야욕은 날이 갈수록 심해졌다. 1904년 6월, 일본은 한국 정부에 황무지 개척권을 요구했다. 한국에 온 일본인들의 횡포도 갈수록 심해지기는 마찬가지였다. 그러자 러시아의 침략을 우려해 일본에 우호적이던 여론이 반일로 돌아섰다. 이 무렵 일본의 침략에 대항하기 위해 일부 유지들이 보안회를 창립했다. 보안회는 1907년 7월 13일, 심상진 등이 중심이 되어 조직한 단체다.

안중근은 보안회의 취지에 찬동하고 입회하기 위해 서울로 올라가 보안회 사무실을 방문했다. 그는 신분을 밝히고, 보안회 간부들에게 한국 침략의 선도자인 하야시 곤스케 대리공사와 부일배를 처단할 것을 제안했다. 그는 『안응칠 역사』에서 다음과 같이 밝히고 있다.

"명치 38년(1905) 신조약 체결 시 경성으로 나가 유생 등이 창설한 보안회에 가서 그 회의 수령을 찾아가 해회의 주의 방침을 따지고 그 부진함을 타매하고 또한 말하기를 '나에게 지금 결사의 부하 50명이 있다. 만약 보안회에서 결사대 20명을 모아 나와 일을 같이하게 된다면 경성에 있는 일한 관리를 도살하고 나아가 일본으로 건너가 일본 당무자를 암살하여 그 압박을 면케 하는 것은 손바닥 뒤집는 것보다 쉽다'고 말했으므로 동회 수령이 이를 질책하고 방축한 일이 있다."

안중근은 일본의 침략에 위기감을 느끼며 마침 뜻을 같이할 것으로 보이는 보안회를 찾아가 '의거'를 제안했지만 보안회 수령은 이를 받아들이지 않았다. 이때부터 안중근은 혼자서라도 목숨을 걸고 부일배와 일제 침략자들을 처단하겠다는 결심을 하고 기회를 엿보기 시작한다. 그는 이미 뜻을 함께하는 '결사 부하' 50명도 거느리고 있었다.

이것이 바로 한국의열투쟁사의 효시다. 학계에서는 대체적으로 의열투쟁의 효시를 1907년 나철 등의 을사오적 처단 시도로 보고 있지만, 이보다 약 2년 앞선 1904년 안중근의 하야시와 부일세력 처단 구상을 의열투쟁사의 효시로 볼 수 있을 것이다. 그의 의거도 바로 이러한 의열투쟁 구상의 연결선상에서 이루어진 것이라고 할 수 있기 때문이다.

안중근은 국내에서 발행되는 「대한매일신보」와 「황성신문」 등 우국지사들이 만든 신문을 읽고, 외국에서 들어온 각종 역사책을 읽으면서 국내외의 정세 변화를 소상히 알고 있었다. 그리고 자신이 나라를 위해 무엇을 해야 할 것인가를 생각했다 그러나 큰 기대를 걸고 찾아갔던 보안회 수령들을 만나 보고는 실망하지 않을 수 없었다. 그는 여기서 다시 한 번 부일배와 일제 침략자들을 처단하고자 결심하게 된다. 그리고 이러한 결심은 이후 안중근 사상과 행동의 핵심을 이룬다.

조국을 위해 망명 계획을 세우다

결국 안중근의 염려는 현실로 나타났다. 전쟁을 일으킨 일본은 한국 정부에 황무지 개척권을 요구했고, 한국을 전쟁의 거점으로 삼았다. 한국에 들어와 있던 일본인들의 행패도 날로 심해졌다. 이런 가운데 안중근과 마찬가지로 러시아보다는 일본 쪽에 손을 들어 준 국민들과 여론도 점차 반일로 돌아서기 시작했다.

그러나 결국 일본이 전쟁에서 승리하며 상황은 돌이킬 수 없을 만큼 빠르게 악화되어 갔다. 전쟁에서 이긴 일본은 한국을 지배할 계획을 빠르게 진행시켰다. 그 중심에 바로 이토 히로부미가 있었다. 이토 히로부미는 군대를 몰고 들어와 한국의 외교권을 일본에 넘기도록 협박했는데, 한국 정부의 각료 일곱 명 중 다섯 명이 찬성하여 을사늑약이 체결되었다.

을사늑약이 체결된 것은 바로 한국이 주권을 빼앗기고 일본의 식민지나 다름없는 형국이 된 것을 의미했다. 즉, 한국 정부는 이토 히로부미의 허락 없이는 아무 일도 할 수 없게 된 것이다.

이 무렵 안중근은 나라 정세는 물론이고, 아버지의 병환이 더욱 짙어져 걱정이었다. 안 그래도 아버지의 몸이 병으로 많이 약해져 있었는데, 나라를 빼앗긴 서러움 때문에 더욱 악화되었던 것이다.

어느 날 안중근은 아버지가 누워 계신 방을 찾았다. 그리고 조심스럽게 말했다(『안응칠 역사』, 1979)

"아버지, 중국에 좀 다녀와야겠습니다."

"중국에?"

아버지 안태훈은 뜻밖의 말에 놀란 듯 조심스럽게 되물었다.

"예, 지금 상황이 걷잡을 수 없게 돌아가고 있습니다. 일본은 러시아와 전쟁을 벌이며 동양의 평화를 유지하고 한국의 독립을 굳건히 하겠다고 했지만, 그것은 한국을 집어삼키려는 술수일 뿐이었음이 명백히 드러났습니다. 게다가 이토 히로부미가 중심이 되어 일본의 야심을 채우기 위해 온갖 책략과 술수를 쓰고 있어, 아무 대책도 세우지 않고 있다가는 영영 나라를 잃어버리게 될 것입니다."

"그래, 네 말이 맞다. 하지만 어찌해야 할지 모르겠구나. 뜻이 같은 사람을 만나 의거를 일으킴이 어떠하더냐?"

"그 생각도 해 보았습니다. 하지만 지금은 이토 히로부미의 세력이 막강한데다 벌써 오래전부터 뜻있는 사람들은 모임을 없애 왔습니다.

지금 남아 있는 사람들 몇몇이 의거를 일으킨들 뜻을 이루지 못하고 부질없이 죽을 것입니다."

"그럼, 어찌하면 좋겠느냐?"

"제가 알아보니 청나라 산둥과 상하이 등지에 한국인이 많이 살고 있다고 합니다. 이곳에서는 그 어떤 행동도 의심을 사고 제재를 받을 테니, 우리 집안도 우선 그곳으로 옮겨 간 뒤에 방책을 도모하는 게 어떻겠습니까?"

"음…… 진정 그 방법밖엔 없는 것이냐?"

"그게 최선인 듯합니다. 제가 먼저 그곳에 가서 살펴보겠습니다. 아버지께서는 그동안 아무도 모르게 떠날 준비를 하십시오. 우선 식구들을 데리고 진남포로 가서 기다리시다가 제가 돌아오면 바로 계획을 실행하도록 하지요."

안태훈은 아들의 말에 고개를 끄덕였다.

안중근은 을사늑약 직후인 1905년 말, 가족이 망명해 독립운동을 전개할 곳을 찾기 위해 먼저 답사차 중국으로 건너갔다. 먼저 산둥 지역 등지를 답사하고 상하이로 갔다. 상하이는 일찍부터 국제무역 중심의 해양 도시로서 치외법권이 인정되는 조계지가 있는 도시였다. 또 세계 각국의 상인과 외교관들이 내왕하면서 문물이 풍성하고, 국제적인 여론 형성과 정보 수집에 유리한 곳이었다. 그리고 상당수의 한국인도 이미 이주해 터를 닦아 살고 있었다.

상하이에서의 실망

안중근은 집을 나서서 동포들이 많이 살고 있다는 산둥으로 향했다. 지금 상황에서 일본에 대항하기 위해서는 일본의 제재와 감시를 직접적으로 받지 않으며 살고 있는 동포들의 힘을 모으는 수밖에 없었다. 산둥과 상하이에 살고 있는 동포들이 힘을 모으고, 그다음 고국에 남아 있는 뜻있는 자들의 힘을 합하면 충분히 일본에 대항할 수 있을 터였다. 독립을 위한 유일한 길이라는 생각에 산둥으로 향하는 안중근의 마음은 더욱 비장해졌다.(『안응칠 역사』, 1979)

그러나 산둥에 도착해 동포들을 만난 안중근의 마음은 몹시 갑갑해졌다. 일본에 의해 망해 가는 고국의 소식을 전하며 힘을 모아 국권을 회복하자고 설득했지만 그들은 별로 관심을 보이지 않았다. 안중근은 크게 실망했다. 하지만 동포들을 설득하는 일을 멈추지 않았다.

단지 고국과 멀리 떨어져 있어 실감하지 못하는 것이라고 스스로 위안했다.

산둥에서 별 성과를 얻지 못한 안중근은 이번에는 상하이로 향했다. 대한민국의 대신이자 민 씨 정권의 핵심 인물인 민영익은 러일전쟁 후 상하이로 건너가 살고 있었다. 안중근은 그를 찾아가 설득해야겠다고 마음먹었다.

상하이에 도착한 안중근은 민영익의 집을 찾아갔다. 그는 집 앞에 문지기 하인을 따로 둘 만큼 부유한 생활을 하고 있었다. 그 모습을 보자 안중근은 상반된 두 마음이 교차했다. 조국에서 동포들은 일본에 의해 핍박받고 있는데, 조정의 대신이었던 사람은 이를 외면한 채 너무나도 동떨어진 생활을 하고 있는 것 같아 분하기도 했고, 한편으로는 민영익이 도와준다면 큰 힘이 될 것 같기도 했다. 안중근은 문으로 천천히 걸어갔다. 문지기가 자신을 의식하며 훑어보는 것이 느껴졌다. 안중근은 문지기에게 민영익 대감을 찾아왔다고 말했다. 그런데 뜻밖의 대답이 돌아왔다.

"대감은 한국인을 만나지 아니하오."

안중근은 자신의 귀를 의심했다. 한국인이기 때문에 만나지 않는다니……. 오래전 천주교 대학을 설립하기 위해 주교를 찾아가서 거절당했을 때보다 더 큰 충격을 받았다. 그때는 상대가 외국인이기에 자신의 이익을 챙기는 것이 그래도 어느 정도는 이해가 되었다. 그러나 그가 찾아온 용건을 말하지도 않았는데도, 더욱이 같은 한국인이라는 이유만으로 만나지 않겠다는 데는 아무 말도 할 수가 없었다. 혹 다른 사연이 있어 그러는 것은 아닐까? 안중근은 영문을 알 수 없었지만 이번에는 그냥 돌아서기로 했다.

다음 날, 안중근은 민영익을 두세 번 더 찾아갔다. 그러나 그때마다 문지기의 답변은 같았다. 안중근은 더 이상 참을 수가 없었다.

"한국인이 되어 한국인을 만나지 않는다면 도대체 어느 사람을 만난다는 것인가? 더욱이 국록을 먹은 신하로서 조국의 어려움을 못 본 체하고 자신만 편히 지내고 있으니, 어찌 이런 경우가 있을 수 있단 말인가? 지금 나라가 어려움에 처한 것도 다 그대와 같은 관리들 때문이다. 조국을 이렇게 만든 책임 때문에 동포 앞에서 얼굴을 들 수 없는 거라면 그나마 다행이다."

안중근은 한바탕 욕을 퍼붓고 그 자리를 벗어났다. 너무나 큰 실망감에 몸을 가눌 수조차 없었다.

민영익에게 실망한 안중근은 이번에는 서상근이라는 상인을 찾아갔다. 그는 인천에 살 때부터 부자였는데, 어떤 사건에 휘말려 상하이로 망명한 사람이었다. 안중근은 그에게 나라를 구할 계책이 없는지 물었다.

"지금 한국의 형세가 이러한데, 무슨 계책이 없겠소?"

그러자 서상근이 대답했다.

"나에게 한국의 일은 말하지 마시오. 나는 한국에서 장사를 하다 어떤 정부 관리에게 큰돈을 빼앗기고 몸을 피해 이곳까지 왔소. 그런데 나라가 무슨 상관이오? 정치라는 건 정부 관리에게나 중요하지 백성들과 상관이나 있는 줄 아시오?"

안중근은 오래전 어윤중과 민영준에게 당했던 일이 떠올랐다. 지금 이 서상근이라는 사람도 그런 식으로 관리들에게 돈을 빼앗긴 것이라고 생각했다.

'그처럼 분한 마음에 이렇게 대답할 수도 있겠지.'

안중근은 좀 더 힘을 내어 그를 설득했다.

"그렇지 않소. 만일 백성이 없다면 나라가 어찌 있을 수 있겠소? 더구나 나라는 대신들의 것이 아니라 당당한 2천만 민족의 것이오. 국민으로서의 의무를 다하지 않고 어떻게 권리와 자유를 누리겠소. 지금은 우리 민족이 힘을 합쳐 국민으로서의 역할을 해야 할 때요."

하지만 이러한 설득에도 불구하고 서상근의 입장은 완고했다.

"그대의 말이 틀렸다는 게 아니오. 지당한 말씀이오. 하지만 상관없소. 나는 장사를 해서 입에 풀칠만 하면 그만이니 다시는 나에게 정치 얘길랑 하지 마시오."

안중근은 여기서 멈추지 않고 거듭 설득하려 했다. 그러나 서상근은 꿈쩍도 하지 않았다. 그야말로 쇠귀에 경 읽기였다. 안중근은 암담한 심정에 탄식하며 숙소로 돌아왔다. 온몸의 힘이 다 빠져나간 듯했다. 쓰러지듯 누운 안중근은 절망감에 고개를 저었다.

'우리나라 사람들이 이러하니 나라의 앞일은 보나마나구나.'

하지만 안중근은 사람들을 설득하는 일을 멈추지 않았다. 아니 멈출

수가 없었다. 다른 사람들이 모두 조국의 현실을 외면한다고 해서 자신까지 포기할 수는 없는 노릇이었다.

어느 날 안중근은 천주교당에서 오랫동안 기도를 드리고 나오다가 우연히 신부 한 분을 만나게 되었다. 르각(한국 이름은 곽원양) 신부였다. 프랑스인 신부인 그는 몇 년 동안 한국에서 전도 활동을 하는 동안 안중근과 가깝게 지냈던 인물이었다. 그는 홍콩에서 한국으로 돌아가는 길이었다.

"어떻게 여기에 와 있는가?"

르각 신부가 궁금해하며 물었다.

"신부님, 한국의 비참한 상황을 들어 알고 계시지요?"

"그래, 벌써 들어 알고 있네."

안중근은 고개를 끄덕이며 말을 이었다.

"지금 한국은 일본의 식민지나 다름없습니다. 여러 나라를 돌아다니며 사람들에게 지금의 억울한 조국 상황을 설명하고 설득하여 공감을 얻으면 기회가 찾아오지 않겠습니까? 그 기회를 이용해 의거를 일으킬 작정입니다."

르각 신부는 안중근의 말을 듣고 심각하게 고민하는 듯했다. 한참이 지나 르각 신부가 입을 열었다.

"자네도 알다시피 나는 종교인이고 신부라 정치와는 관계가 없네. 하지만 자네 말을 듣고 나니 가슴이 아프군. 나에게 한 가지 방법이 있는데 한번 들어 보겠는가?"

"그 계획이 무엇입니까?"

르각 신부는 잠시 숨을 들이마시고는 고요한 눈빛으로 안중근을 바라봤다.

"자네가 항상 명심해야 할 것이 있네. 바로 교육, 사회, 민심, 실력이네. 교육을 발달시키고, 사회를 확장시키며, 민심을 단합하고, 실력을 양성시키면 자네의 2천만 민족의 정신이 반석과 같이 튼튼해져 수천 수만의 포를 갖고도 깨뜨릴 수 없을 것이네. 그렇게 되면 사내 한 명의 마음도 빼앗지 못한다고 했네. 하물며 2천만 사람의 마음은 어떻겠는가? 비록 일본이 강제로 맺은 조약의 문서를 들이밀며 행패를 부리지만 거기에 주눅 들어 굴복하면 안 되네. 그런 사람이 점차 늘어나면 문서에 적힌 내용은 사실이 되네. 하지만 교육을 통해 눈을 떠서 신념을 갖기 시작한 사람들이 많아지고, 그들이 한마음이 된다면 강토를 빼앗겼다는 것도, 조약을 강제로 맺었다는 것도 모두 종이 위에 적힌 헛된 글이 되므로, 일본의 일은 모두 허사로 돌아갈 것이네. 그렇게 되어야만 사업을 이룰 수 있고, 목적을 달성할 수 있을 것이네. 이 방법은 세계 만국에서 두루 통하기에 자네에게 이야기해 주는 것이네. 한번 잘 생각해 보고 결정하게나."

르각 신부의 말을 들은 안중근은 꼼짝도 할 수 없었다. 한참 뒤에 안중근은 르각 신부의 손을 잡고 말했다.

"신부님 말씀이 옳습니다. 그렇게 하도록 하겠습니다."

결심이 섰으니 망설일 것이 없었다. 안중근은 곧 짐을 꾸려 진남포로 향했다. 돌아오는 길에 동포 모두가 한마음이 되는 미래를 상상했다. 교육을 통해 성장한 한 사람 한 사람의 동포들이 서로를 믿고, 조국을 믿으며 살아갈 수 있는 나라. 안중근은 그러한 미래와 그 미래를 향한 계획을 가족들에게 어서 빨리 말하고 싶었다.

그러나 현실은 그럴 수 없는 상황이었다. 진남포에 도착한 안중근은 가족들을 찾아갔다. 계획했던 대로 가족들은 모두 이곳으로 옮겨와 살고 있었다. 그러나 아버지 안태훈이 보이지 않았다. 가족들은 몹시 슬픈 표정으로 대문 앞에 선 안중근에게 아버지 안태훈의 소식을 전했다. 진남포로 이사 오는 도중에 아버지가 세상을 뜨셨다는 것이었다. 안중근은 통곡을 하며 몇 번이나 까무러쳤다.

다음 날 안중근은 청계동으로 갔다. 그곳에서 아버지의 장례를 마친 안중근은 그해 겨울을 가족들과 함께 청계동에서 보냈다. 그때 안중근은 아버지의 위패 앞에서 조국이 독립하는 날까지 술을 끊기로 결심했다. 그리고 죽을 때까지 단 한 번도 맹세를 어기지 않고 굳게 지켰다.

본격적인 구국운동

안중근은 진남포에 양옥 한 채를 지어 살림을 시작했다. 진남포는 중국 상선이 수시로 드나드는 번창한 항구도시였다. 그만큼 서양 문물과 다양한 사람들을 많이 접할 수 있는 곳이기도 했다. 이곳에서는 세계 각지의 소식들과 한국의 정세에 대한 외국인들의 의견도 보다 쉽게 접할 수 있었다.

진남포로 이사한 뒤에 그가 제일 먼저 한 일은 바로 학교를 설립하는 일이었다. 무엇보다 시급한 것은 백성들을 교육해 인재를 양성하는 일이라고 여겼기 때문이다.

안중근은 천주교에서 운영하던 돈의학교를 인수해 2대 교장으로 취임한 뒤, 교사를 증축하고 선생들을 증원했다. 그리고 기존의 교과과정에 교련을 배정해 집총 훈련을 시키는 등 나라를 구할 영재들을 양성하는 데 힘썼다. 안중근이 이 모든 교육구국사업을 혼자서만 진행한 것은 아니었다. 뜻을 같이하는 가족들과 지인들이 모두 안중근의 교육사업에 동참했다.

어느 날, 학생들이 수업하는 모습을 지켜보던 안중근의 머릿속에 한 가지 생각이 떠올랐다.

'변해 가는 국제 정세를 이해하고, 나라의 기틀을 굳건히 하기 위해서는 서양에 대해 알아야 한다. 그러기 위해서는 영어를 배워야 한다.'

하지만 돈의학교는 규모, 제정, 체계에서 이 모든 것을 수용하기 어려웠다.

'나라가 없으면 국민도 없다. 지금 재산을 갖고 있어 봐야 나라를 일

▼ 진남포 시가지

본에 빼앗기면 무슨 소용이 있으랴.'

안중근은 크게 결심하여 그해 6월에는 몇 대에 걸쳐 축적한 집안의 재산 대부분을 털어 삼홍학교를 세웠다.

또한 안중근은 교육구국사업 외에도 서우학회에 가입해 애국계몽운동에 참여하기도 했다. 서우학회는 국민교육회, 대한자강회, 황성기독교청년회와 전·현직 무관그룹 등을 기반으로 해서 지역단위 단체로 조직되었다. 이들은 민족적 위기의식을 최대한 결집시켜 국권 회복의 의지를 키우고, 민력을 기르기 위해서는 지역인을 대상으로 차근차근 쌓아 올려야 한다고 보고 각성이 비교적 빠른 관서 지역에 지역단위 단체를 설립하였다.

이 학회는 정치활동을 표면에 내세우지 않고 학회라는 명칭으로 교육진흥운동만을 표방하였다. 그러나 실제적인 목표는 '민력 양성(民力養成)'을 통한 국권 회복과 인권 신장이었다. 즉, 서우학회는 국권 회복과 국민 주권의 자유독립국가를 수립하는 데 최종 목표가 있었던 것이다. 그리고 서우학회는 국권 회복의 기초로서 국민의 실력과 단결을 중요시하여 이를 위한 여러 가지 사업을 전개하였다.

교육구국사업과 애국계몽운동에 참여하던 어느 날, 안중근에게 소식 하나가 들었다. 곧 국채보상운동이 일어날 것이라는 소식이었다. 일본은 더욱 효과적으로 한국을 식민지화하기 위해 일본에서 거액의 차관을 들여왔다. 이렇게 들여온 차관은 통감부의 주도 아래 경찰기구의 확장과 한국에 사는 일본인들의 거주지 확충에 사용되었다. 일본이 들어온 거액의 차관을 그들 자신들을 위해 사용했는데도 한국 정부는 아무 말도 하지 못했다. 결과적으로 한국은 일본에 엄청난 빚을 지게 되었다.

그러나 빚이 있는 자는 언제나 돈을 꾸어 준 이에게 당당할 수 없다는 것을 국민들은 알고 있었다. 나라의 빚을 갚아야만 한 국가의 국민으로서 나라를 지킬 수 있다는 의식이 사람들 사이에서 피어오르기 시작했다. 그리고 1907년, 국채보상회가 발기했다. 국채보상회는 국민대회를 열고 모금을 하는 등 여러 활동을 펼쳐 나갔다. 그러자 각종 언론은 물론, 국민들도 이 운동에 적극적으로 참여했다. 부자와 가난한 사람, 신분의 높고 낮음에 상관없이 국민들 모두 이 운동에 참여했다.

안중근도 이 운동에 적극적으로 참여했다. 우선 부인 김아려가 갖고 있던 장신구를 모두 헌납하게 했고, 주변 사람들에게 함께 동참할 것을 권유했다. 또한 선비 천 명을 모아 이에 대해 설명한 뒤 많은 의연금을 거두었다.

학교를 운영하고 국채보상운동에 참여하느라 안중근의 재산 대부분은 바닥나 버렸다. 나라를 구하는 운동을 펼치기 위해서는 자금이 필요했다. 안중근은 자금을 마련해 볼 계획으로 평양으로 간 다음, 그곳에서 회사를 차려 석탄을 캤다. 그러나 한국인이 돈을 버는 것을 두고 볼 일본이 아니었다. 일본인들은 갖은 방법으로 안중근이 벌이는 사업을 방해했고, 결국 수천 원의 손해를 보고 문을 닫아야 했다. 회사를 정리하고 진남포로 돌아오는 안중근의 머릿속에는 갖가지 생각들이 떠다녔다.

'이곳에서는 진정 구국운동을 펼칠 수 없는 것인가?'

그러면서 그해 초 안중근을 찾아왔던 김진사라는 인물이 떠올랐다. 그는 아버지 안태훈과 친분이 있는 사람이라며 자신을 설명하더니 다짜고짜로 안중근을 다그쳤다.

"이처럼 나라가 어려운 이때에 자네는 분명 그만한 능력을 가지

▲ 진남포 돈의학교 터에 세운 안중근 선생 기념비

고 있으면서도 어찌하여 활동하지 않는가? 지금 서북 간도와 러시아 영토인 블라디보스토크 등에는 한국인이 백만여 명 살고 있네. 그곳이야말로 물산이 풍부해 활동하기에 충분하네. 그런데 어찌 이곳에서 가만히 앉아 일본의 만행을 보고만 있는 것인가?"

벌써 오래전에 만난 김진사의 말이 떠오른 것은 결코 우연이 아니었다. 안중근은 국내에서 학교를 설립해 사람들을 교육하고, 또한 단체를 만들어 나라를 구하기 위해 여러 활동을 벌였다. 그러나 일본의 간섭은 점점 심해져 갔으므로 국내에서는 활동조차 제대로 할 수 없었다. 지금 벌이는 교육구국사업과 애국계몽활동들은 분명 조국에 큰 도움이 되는 중요한 일이었다. 그러나 어쩌면 이러한 활동만으로 나

라가 독립하기를 기다리기엔 너무 늦은 것이 아닐까, 하는 생각을 그
는 막연하게나마 하고 있었다.

- 5장 -

의병투쟁을 벌이다

勞心焦思

國家安危

일제에 의한 한국 군대의 해산

안중근이 조국의 독립을 위해 벌이던 교육구국사업과 애국계몽활동의 효과성에 대해 어렴풋하게나마 의구심을 품던 중에 헤이그 특사 사건이 일어났다.

1907년 제2회 만국평화회의가 네덜란드 헤이그에서 열린다는 정보를 입수한 고종은, 을사늑약이 황제의 뜻에 반해 일본이 강압적으로 체결한 것이라는 사실과 대한제국을 침략한 일제의 만행을 만천하에 알리기 위해 이준과 이상설을 특사로 파견했다. 만국평화회의는 제정 러시아의 니콜라이 2세가 주창한 것으로, 세계 각국 정상들이 모여 군비 축소와 국제 분쟁 해결, 독가스 사용 규제에 대해 논의하는 자리였다. 따라서 일제에 의해 주권을 침해당한 대한제국의 실상과 일제의 비합리적이고 반인륜적 소행을 전 세계에 알리기 좋은 자리였

▲ 왼쪽부터 이준, 이상설, 이위종

다. 하지만 일제의 감시 하에서 이러한 계획이 순조롭게 진행될 리 만무했다.

이준과 이상설은 블라디보스토크와 시베리아를 거쳐 상트페테르부르크에 도착해 러시아 황제에게 고종의 친서를 전한 뒤, 그곳에 있던 전 러시아 공사관 서기 이위종과 함께 헤이그에 도착했다. 이들은 만국평화회의의 의장이었던 러시아의 넬리도프를 만나 고종의 신임장을 전달하고 회의에 참여시켜 줄 것을 요구했다.

그러나 목적을 이루기는 쉽지 않았다. 우선 일본의 방해 공작 때문이었다. 세 특사의 등장에 당황한 일본은 물밑에서 세계열강들을 만나, 을사늑약을 맺었으므로 한국에 외교권이 없다는 사실을 주지시켰다. 당시 일본은 헤이그에 가장 많은 수의 특사를 파견했고, 이들의 공세에 세계열강들은 입을 다물었다.

또 다른 이유는 러시아의 배신 때문이었다. 이준과 이상설이 러시아의 황제를 만나러 갔을 때, 이미 러시아는 한국에 대한 입장을 바꾼 상태였다. 러일전쟁에서 패한 이후, 한국에 대한 일본의 우위권을 인정하고 어떠한 간섭과 방해도 하지 않겠다는 비밀 협약을 맺은 것이었다. 러시아의 넬리도프가 이준 등의 특사에게서 고종의 신임장을 전달받기 전, 그는 고국으로부터 한 통의 연락을 받았다.

　"이준, 이상설 등 한국의 특사가 도착할 것인데, 그들과 협상하지
　　말 것."

결국 대한제국의 세 특사는 만국평화회의에 참석하지 못했다. 하지만 그들은 여기서 멈추지 않았다. 당시 헤이그에는 세계 각국의 언론과 시민운동가들이 몰려와 있었다. 이들은 회의장 주변에서 평화와 평등을 외쳤다. 한국의 세 특사는 이들에게 일제의 만행과 을사늑약의 부당함을 알리고자 애썼다. 이들은 각국의 특사들을 만나 상황을 설명하고, 시민운동가와 언론 앞에서 연설을 하는 등 세계 각국의 주목을 끌었다. 그러나 아쉽게도 구체적인 성과는 얻지 못했다.

그러나 비극적인 사건은 이것으로 끝나지 않았다. 이토 히로부미가 헤이그 특사 사건을 빌미로 삼아 고종을 강제 폐위시켰던 것이다. 일본은 1907년 7월 20일 강압적으로 양위식을 행했는데, 고종은 물론 황

위를 물려받을 황태자도 참석하지 않은 상태였다. 이토 히로부미의 만행은 계속해서 이어졌다. 한국에 대한 통제를 강화하기 위해 정미 7조약을 강제로 맺어 법령 제정, 관리 임명, 행정 등의 권리를 장악했다. 공포된 7조약은 다음과 같다.

① 한국 정부는 시정 개선에 관하여 통감의 지휘를 받을 것
② 한국 정부가 하는 법령 제정 및 중요한 행정상의 처분은 미리 통감의 승인을 거칠 것
③ 한국의 사법사무는 보통 행정사무와 이를 구별할 것
④ 한국의 고등관리의 임명·면직은 통감의 동의를 얻을 것
⑤ 한국 정부는 통감이 추천하는 일본인을 한국 관리에 임명할 것
⑥ 한국 정부는 통감의 동의 없이 외국인을 관리로 등용하지 못함
⑦ 1905년 8월 22일에 가결한 한일 외국인 고문 용빙에 관한 협정서 제1항은 폐지할 것

조약에 명시된 조항은 실제로 이미 이토 히로부미가 한국의 정무 일체를 통제하고 있었으므로, 이를 명문화하고 권한을 다소 확장한 것에 불과했다. 이 조약에는 비밀각서가 첨부되어 있었고, 그것은 사실상 '합병'을 뜻하는 것이었다. 비밀각서는 군대 해산을 비롯하여 일본인을 한국 관리로 임명함으로써 이른바 차관정치(次官政治)를 실현하여 온갖 실권을 장악하는 동시에, 특히 사법 분야와 경찰 분야에 다수

의 일인 관리를 등용시켜 사법권 및 경찰권을 일본이 운용한다는 내용이었다.

일제의 쇠사슬은 끝이 보이지 않았다. 신문지법과 보안법을 공포해 언론·출판에 족쇄를 채우고, 집회와 결사를 원천적으로 차단했다. 또 의병투쟁을 봉쇄하기 위해 총포 및 화약 단속법을 만들었고, '한국 주차 헌병에 관한 건'을 제정해 일본 헌병의 경찰권을 강화하고 병력을 크게 늘렸다. 그리고 대한제국의 마지막 버팀목인 군대를 강제로 해산시켰다. 당시 구한국 군대는 서울에 주둔한 시위대 5개 대대와 지방에 주둔한 8개 대대가 있었다.

한국 군대를 한꺼번에 해산하면 반발이 생길 것이라 우려한 일제는 먼저 서울의 5개 대대를 해산시켰다. 그날이 1907년 8월 1일이다. 일제는 2,000명의 조선 병사들에게 맨손 훈련을 실시하고, 공로금을 지급한다고 속여 무장해제시킨 채 소집한 다음, 이들을 강제로 해산시켰다. 한국 군인들은 많은 수의 중무장한 일본군에 의해 포위되어 있는 상태였다. 군대 해산의 명분은 경비가 없어서 더 이상 한국 군대를 유지하기 어렵다는 이유였다.

제1연대 제1대 대장 박승환이 39세의 나이로 군대 해산 소식을 듣고 자결하자, 병사 700여 명이 무장 항쟁으로 일본군과 맞섰다. 한국 군인들은 기관총으로 무장한 일본군에 맞서 탄약도 얼마 없는 구식 총으로 서울 남대문 등지에서 처절하게 싸웠다. 이날의 교전으로 남상덕 등 68명이 살해되고, 100여 명이 부상, 500여 병이 포박되었다.

▲ 군대 해산 후 투쟁하다 포로가 된 조선 병사들

서울의 군대 해산과 항일 전투 소식을 전해 들은 지방 진위대 군인들도 일본군과 맞서 싸웠다. 이들은 대부분 의병부대에 합류해 항전을 계속했다. 이것은 정미의병의 계기가 되었다. 정미의병(丁未義兵)은 1907년 고종의 강제 퇴위와 정미 7조약 강제 체결, 군대 해산 등을 계기로 1907~1910년 사이 발생한 항일구국적 근대 의병봉기를 말한다. 정미의병은 이전 의병운동(을사의병, 을미의병 등)에 비해 다음과 같은 뚜렷한 특징을 지닌다.

첫째, 의병진 성원이 다양해진 점이다. 유생 외에도 해산 군인 · 평민 · 천민의병장 등이 대거 등장했을 뿐만 아니라, 상인 · 공인·노동자·농민 등 전 계층이 의병항일전에 동참함으로써 전면 항일전의 성격을 띠게 되었다.

둘째, 해산 군인이 의병에 합류함에 따라 무기와 편제가 정예화되어 전력이 크게 향상되었다.

셋째, 의병 주도 계층이 다양해짐에 따라 의병진이 점차 소규모화, 다원화되어 산간지대를 근거로 하는 유격전술을 효과적으로 전개할 수 있었다.

넷째, 1910년 경술국치 때까지 명맥을 이어 오던 정미의병은 남한 대토벌 작전에 의해 점차 북상하여 남북 만주·연해주 지역으로 활동 무대를 옮겨 항전을 지속적으로 펼쳐 나갔다.

그 후 1920년대의 독립전쟁론에 입각하여, 만주와 연해주 지역의 의병들은 독립군으로 계승되어 발전하였다. 조선시대 의병과 대한제국군 등이 독립군으로 변모하게 된 것이다. 그 후 독립군(대한민국 임시정부 소속)은 중국군 등과 함께 항일전쟁을 지속한다.

서울에 올라와 명동성당 근처에 머물고 있던 안중근은 마침 한국군이 일본군과 싸우는 처절한 모습을 가까이서 지켜볼 수 있었다. 안중근은 대한제국 군대가 해산되고, 일본군과 전투를 벌인 그 현장을 목격하고 안창호 등과 싸움터에 뛰어들어 부상자를 입원시키는 등의 역할을 했다. 안중근은 의병투쟁과 무장독립전쟁의 필요성을 이때 다시 한 번 굳힌다. 해산된 군인들은 전국 각지에서 일어난 의병과 합세해 일본군 토멸에 나선다. 안중근은 구한국군과 일본군이 싸운 모습과 전국 각지에서 전개된 의병전쟁을 지켜보면서 주변의 동지들에게 의병 조직의 필요성과 국권 수호의 방법을 다음과 같이 제시했다.

① 일본 제국주의는 팽창 과정에서 3국(청·러시아·미국)과 전쟁을 일으키게 될 것이다.

② 3국 전쟁이 발발하면 일본은 힘들겠지만, 한국은 국권 수호의 기회가 될 것이다.

③ 한국민의 준비가 없으면 일본이 패전해도 한국은 또 다른 외국 도적의 손아귀로 들어가게 될 것이다.

④ 한민족은 의병을 일으켜 스스로 힘을 길러야 국권 수호는 물론 독립을 공고히 할 수 있을 것이다.

⑤ 한민족은 스스로 힘을 길러 독립투쟁을 전개해야만 패전이란 최악의 경우에도 세계 각국의 공론으로 독립을 보장받을 희망이 있다.

조국 해방을 위해 살기로 결심하다

한편 군대가 해산되고 병사들이 일본군의 기관총 앞에서 쓰러져 가는 것을 목격한 안중근은 온몸이 갈기갈기 찢어지는 듯한 느낌이었다. 안중근은 부상당한 병사들을 실어 나르고, 그들을 구조하는 데 힘썼다. 그러는 동안 안중근의 마음속에는 한 가지 확신이 생겼다. 이제 교육구국사업이나 애국계몽운동으로는 나라를 되찾을 수 없으니 다른 방도를 모색해야 한다는 것이었다.

안중근이 집에 돌아온 것은 늦은 시각이었다. 평소와는 다른 안중근의 분위기에 아내 김아려는 갑자기 불안해졌다. 집에 들어오자마자 방 안에 틀어박힌 채 생각에 몰두하던 안중근이 가족들을 불러 모은 것은 자정이 다 되어서였다. 단 한 사람, 부인 김아려만이 어쩐지 남편의 눈을 똑바로 쳐다보지 못한 채 고개를 떨구고 있었다. 가족들이 모두 모이자 안중근이 입을 열었다.

"나는 집과 나라를 떠나 조국의 독립을 위해 일하기로 결심했다."

"형님!"

난데없는 독립운동 선언에 동생들은 깜짝 놀라고 말았다. 동시에 김아려의 마음도 덜컥 내려앉았다.

"내가 지금 집을 나선다고 조국이 독립한다는 보장은 없다. 하지만 예로부터 영웅은 신념과 의지로 그 목적을 달성할 때까지 노력하고 시도했다. 나도 그렇게 할 것이다. 조국이 독립하는 날까지 내 목숨이 다하는 한이 있더라도 애쓸 것이다. 만약 그러지 못한다면 나는 돌아오지 않겠다."

가족들은 아무 말도 하지 못했다. 처음에는 깜짝 놀라 안중근을 만류하던 동생들도 입을 다물 수밖에 없었다. 안중근이 빈말을 하지 않는 사람이란 것을 알기에 더욱 그랬다. 그 어떤 말로 만류해도 안중근의 마음은 이미 조국 해방을 향한 신념으로 가득 차 결정을 바꾸지 않을 것이 분명했다.

이 소식을 들은 빌렘 신부도 곧 안중근을 찾아왔다.

"도마, 당신은 주님의 자식인데 어찌하여 그런 생각을 한단 말이오. 이곳에서 노모와 가족들을 부양하며 주님께 기도하면 언젠가 조선의 독립도 이루어지지 않겠소?"

그의 새로운 행보를 말리려고 한 소리였으나 빌렘 신부의 목소리에는 어쩐지 힘이 없었다. 한 번 결심하면 절대로 꺾지 않는 안중근의 성품을 아는데다가, 조국의 독립을 위해 기도만 하라고 하기에는 일본의 만행이 하늘을 찌를 정도로 악랄하다는 사실을 이미 알고 있었기 때문이리라.

안중근은 그런 빌렘 신부를 보며 말했다.

"하느님도 언젠가 우리 한국의 자녀들에게 이런 화를 내린 것을 후회하신다면 우리가 나라를 되찾게 도와주시겠지요. 그러면 여기에 있는 우리 모두가 다시 한자리에 얼굴을 맞대고 모일 수 있게 되겠지요."

빌렘 신부는 더 이상 아무 말도 하지 못했다.

집을 떠나기 전, 청계동을 찾은 안중근은 아버지의 묘소를 찾았다.

'항상 나라와 가족을 걱정하던 나의 아버지. 아버지는 아들의 결정을 어떻게 생각하실까?'

불의를 보면 참지 못하던 아버지, 항상 의(義)를 중요시하던 아버지였다. 안중근은 분명 아버지가 자신을 자랑스러워할 것이고, 하늘에서 응원해 주시리라 믿었다. 다만 가족들을 남겨 두고 가는 것은 아버지께 너무나 죄송스러웠다. 안중근은 주위를 둘러보았다. 항상 그랬듯 청계동의 풍광은 아름다웠다. 다시는 이곳에 오지 못할지도 모른다는 생각에 가슴이 먹먹해졌다.

청계동에서 집으로 돌아오는 길에는 성당에 들러 빌렘 신부를 만나고, 돈의학교와 삼흥학교의 교사와 학생들을 만나 인사를 나누었다. 안중근은 두 학교를 이미 동생들에게 부탁해 놓았다.

"나는 나라를 떠나 조국을 위해 항일운동을 펼칠 것이다. 너희는 이곳에 남아 학교를 맡아 다오. 교육은 나라의 미래다. 너희가 가르친 아이들이 나중에 커서 이 나라를 위해 일할 수 있을 것이다. 그것을 항상 명심하라."

집으로 돌아와 짐을 꾸린 안중근은 마지막으로 가족들을 바라봤다. 부인 김아려, 세 자식들, 동생들……. 다시는 보지 못할지도 모르는 얼굴들이었다.

아내는 다른 가족들과 달리 말리지도, 그렇다고 쉽게 보내 주지도 못했다. 안중근은 생이별을 앞둔 아내의 그런 마음을 알고 있었으나 내색하지도, 위로하지도 못했다. 혹시라도 결심이 무너질까 두려웠기 때문이었다.

그리고, 어머니…….

안중근은 가슴이 찢어지는 듯했지만, 그 모든 것을 억누르고 태연한 얼굴로 고개를 들었다. 벌써 연로하신 어머니를 다시 볼 수나 있을까. 이게 마지막은 아닐까.

'우리들이 이 나라를 되찾는 날, 일본을 몰아내고 이 땅에 평화가 찾아오는 날, 다시 돌아와 어머니 앞에 무릎 꿇고 그동안 못한 효도를 다하겠습니다.'

이런 마음을 모두 안다는 듯 어머니는 꼿꼿한 자세로 바로 앉아 아들

▲ 조 마리아 여사

의 얼굴을 지그시 바라보았다.

'네 마음 다 안다, 알아. 사내로 태어나 나라를 위해 큰일을 할 수 있는 인물이 되었구나. 비록 지금은 헤어지지만, 언제 다시 만날지 모르지만, 항상 내 아들을 자랑스러워하마.'

어머니의 눈빛과 표정이 이렇게 말하는 듯했다. 그러고는 어머니와 가족들에게 짧은 인사를 한 뒤, 멀고도 험한 조국 독립의 여정을 시작했다.

머나먼 여정에서 만난 동지,
그리고 희망

쌀쌀한 10월의 바람이 기선 위로 몰아쳤다. 날이 어두워질수록 파도도 거칠어졌다. 배 위에 나와 한참 동안 컴컴한 바다를 응시하던 안중근은 옷깃을 여미며 고개를 들었다. 잠시 후면 블라디보스토크에 도착할 예정이었다.

진남포에서 간도로 떠나올 때도 안중근은 희망적인 계획을 구상 중이었다. 간도에는 일제의 압박을 견디다 못한 동포들 다수가 옮겨와 척박한 땅을 개간해 이미 삶의 터전을 일군 상태였다. 게다가 천주교가 일찍부터 전래되어, 동포이면서 천주교인인 신자들이 많이 살았다. 또 지난해 이동녕과 이상설이 만든 서전서숙도 활발한 활동을 펼치고 있었다.

하지만 간도에 도착해 목격한 것은 예상과는 전혀 다른 동포들의 삶이었다. 우선 간도로 향하는 것조차 쉬운 일이 아니었다. 배편은 일본인이 수시로 검문을 했고, 뭍으로 이동하는 것도 쉬운 일이 아니었다.

우여곡절 끝에 간도에 도착한 안중근은 약 서너 달 동안 천주교 신자인 동포의 집에 머물며 간도의 실태를 파악했다. 그러나 동포들의 간도에서의 삶은 비참함 그 자체였다. 간도 영토와 관련하여 대립하고 있던 청나라 사람들은 틈만 나면 동포들을 핍박했고, 치안이 좋지 않아 수시로 도둑떼가 출몰해 동포들의 재산을 약탈해 갔다.

무엇보다 절망적인 것은 조선통감부의 임시파출소가 설치된 것이었다. 고종 황제를 강제 퇴위시킨 뒤 한국의 행정, 사법, 군, 경찰 통제권을 갖게 된 일본은 한인들을 보호한다는 핑계로 간도에 임시파출소를 설치해 동포들을 감시하고 통제했다. 어찌나 치밀하고 철저하게 간도 지역을 관할했던지, 그곳에서 독립군을 창설한다는 것은 불가능해 보였다. 또한 간도로 옮겨가 살던 동포들이 가장 중요하게 생각하는 것은 생계였기에, 일본 임시파출소의 눈을 피해 독립운동을 시도하려는 이를 만나는 것은 쉽지 않았다.

'간도에서 뜻을 펼치는 것은 쉽지 않겠구나. 도대체 어디로 가야 한단 말인가.'

간도에 머무르는 동안 그곳에서 무리해 봐야 소용없다는 것을 깨달은 안중근은 새로운 장소를 물색하기 시작한다. 이런 안중근의 머릿속에 떠오른 것은 바로 블라디보스토크였다. 러시아 영토인 블라디보스토크에는 한인들이 모여 살면서 조직을 만들어 활동한다고 들었다.

특히 블라디보스토크 근처 연해주 지방의 연추라는 곳에는 간도 감찰사를 지내고 러일전쟁 때부터 항일 의병활동을 주도했던 이범윤이라는 사람도 있었고, 홍범도 등이 이끄는 의병부대도 활동하고 있었다. 어쩌면 이곳이야말로 안중근이 찾던 그곳인지도 몰랐다.

우선 연추에 도착한 안중근은 그곳 한인들이 모여 사는 곳을 찾아갔다. 그곳에는 최재형이 있었다. 그는 1860년대에 러시아에 귀화하여 상선을 타기 시작한 이후부터 무역업을 통해 큰 재산을 축적한 사람이었다. 부를 축적한 최재형은 러시아에서 가난하게 살아가는 동포들을 위해 재정적으로 돕는 것은 물론, 학교를 설립해 교육 활동도 펼쳐 나가고 있었다. 넉넉한 재산, 그리고 이를 동포를 위해 쓸 줄 아는 마음 됨됨이에 연해주 지방 한인들은 물론 러시아 당국의 믿음과 기대를 한 몸에 받는 인물이었다. 또한 이러한 자신의 사회적 이점을 살려 그는 연해주 지역에서 펼치는 의병운동을 적극적으로 지원하고 있었다.

안중근은 사람들에게 수소문해 최재형이 살고 있다는 곳을 알아냈다. 신망이 높기로 이름이 알려졌다더니 과연 연해주 지방에서 최재형을 모르는 이가 없었다. 사람들이 일러 준 대로 찾아간 안중근은 러시아 풍으로 지어진 커다란 집 앞에 이르렀다. 과연 한눈에도 재력가가 사는 집이라는 것을 알 수 있었다.

"그래, 여기까지 오느라 수고가 많으셨소."

최재형은 안중근을 집으로 들이더니 따뜻한 차를 대접했다. 그러나 다정다감하게 대접하는 그의 눈빛과 말투에는 일종의 경계가 서려 있었다. 안중근은 그 이유를 알 듯했다. 의병활동을 적극적으로 지원하는 그가 아무나, 그것도 처음 보는 사람을 쉽게 믿을 수 없는 것은 당연한 것인지도 몰랐다. 아마도 지금 자신을 보며 믿을 만한 사람인지를 판가름하고 있을 것이라는 생각이 머릿속을 스쳐 지나갔다. 안중근은 오히려 그런 그가 믿음직스러웠다.

"저는 안중근이라고 합니다. 황해도 해주 출신입니다. 저는 지금 막 간도에서 이곳으로 왔습니다."

"그래, 어쩐 일로 이곳까지 나를 찾아왔소?"

안중근은 대한제국의 실상과 이를 지켜보며 결심하게 된 일, 그리고 간도에 도착해서 이곳까지 찾아오게 된 경위를 상세히, 그리고 진심을 담아 털어놓았다. 때로는 침착하게 때로는 일제의 만행에 분개하며 이야기했다. 그러는 동안 지난 시간들이 다시 한 번 가슴을 스쳐 지나는 듯했다. 그리고 독립을 위해 일하려는 자신의 포부를 직접 입밖으로 꺼내는 내내, 그 마음이 더욱 확고해지는 것을 느꼈다.

이윽고 안중근이 말을 끝내자, 최재형은 자신의 잔에 차를 따라 한 모금 마시더니 아무 말 없이 잠시 눈을 감은 채로 있었다. 안중근은 그의 얼굴을 뚫어지게 쳐다봤다.

'이 사람은 나를 믿지 않는 것인가? 과연 이 사람은 내가 기대할 수 있는 사람인가?'

얼마 뒤, 최재형이 눈을 감은 채로 말을 꺼냈다.

"우리 아버지는 노비였소. 어머니는 기생이었지. 아버지는 내가 열살 되던 해, 이곳으로 이주해 왔소. 당시 조국에서는 기근으로 굶어 죽는 사람이 허다했고, 그만큼 지주들의 횡포가 심했지. 굶어 죽지 않는 방법은 기근을 피하고 노비라는 신분으로부터 자유로워지는 것뿐이었소. 삼엄한 국경 경비를 피해 간신히 지신허 마을에 도착했소. 그곳에는 이미 먼저 도망쳐 온 동포들이 마을을 이루며 살고 있었지. 그런데 그곳에서도 먹고살 일은 막막했다오. 땅을 새로 개척해야 했으니까. 결국 나는 도망쳤소. 차라리 구걸을 하며 하루하루 연명하는 게 낫겠다는 생각을 한 거요."

최재형은 잔에 차를 더 따라 주었다. 그러더니 안중근을 향해 물었다.

"죽을 만큼 배가 고파 본 적이 있소?"

안중근은 말없이 최재형을 바라봤다. 사실 안중근의 집안은 대대로 물려받은 가산이 적잖이 있었기에 허기진 배를 움켜쥔 적은 없었다. 그가 잠시 생각하는 사이, 최재형은 자신의 잔에 차를 따르며 말을 이었다.

"너무나 배가 고파서 차라리 죽는 게 낫겠다는 생각을 해 본 적이 있느냔 말이오. 집을 빠져나와 걷고 또 걸었소. 걷다가 죽는 한이 있더라도 그곳보다는 나을 거라는 생각으로 걸었지."

안중근은 앞에 놓인 찻잔을 들어 목을 축였다. 오랜 시간의 여정으로 몸이 많이 지쳐 있었기에 금방이라도 쓰러질 듯했지만 정신만은 더욱 또렷해졌다.

"걷다가 쓰러졌던가 보오. 눈을 떴을 때는 러시아인 부부가 나를 보살피고 있었소. 그 부부 내외는 나를 친자식처럼 살펴 줬소. 그들 중 남편은 선장이었는데, 나는 그를 따라다니며 세계 곳곳을 누빌 수 있는 행운을 누렸소. 선장 부인은 내게 러시아어와 서양 학문을 가르쳤지. 그때가 아마 제일 행복했던 시절이었을 거요. 나는 그때 느꼈소. 내가 느낀 굶주림은 단지 육체적인 것만이 아니었단 걸 말이오."

최재형은 눈을 감고 마치 그 시절을 떠올리는 듯한 표정을 지었다.

"노비의 자식으로 태어난 나는 배울 수도 없었소. 나는 단지 음식 같은 물질적인 것에 대한 굶주림뿐만 아니라 이 세상을 알고 싶다는, 세상 모든 것을 알고 싶다는 굶주림에도 허덕이고 있었던 거요. 그리고 육체적인 굶주림과 지적인 굶주림을 그 부부 덕분에 채울 수 있었지. 내게 그 부부는 어둠 속에서 만난 한 줄기 빛이나 다름없었소."

한참을 고백하듯 말하던 최재형이 드디어 눈을 떴다. 그리고 안중근을 바라봤다.

"당신이 여기까지 온 것도 그런 굶주림 때문이겠지. 조국을 떠나 이곳까지 온 것도, 다시 블라디보스토크로 떠나려는 것도 말이오. 조국에 대한, 동포에 대

▲ 최재형(상해 대한민국임시정부 초대 재무총장 시절)

한, 그리고 자신의 뜻에 대한 굶주림."

안중근은 고개를 들었다. 그리고 최재형의 눈을 뚫어지게 쳐다봤다. 그의 눈빛에서 좀 전에 살짝 비쳤던 의심의 그림자는 사라진 채였다. 그런 안중근을 최재형은 미소를 지으며 쳐다봤다.

"그렇다면 이번에는 내가 빛이 되겠소. 당신의 굶주림을 채워 줄 빛 말이오. 지금 그 눈빛, 어떤 것도 감내하려는 각오가 서려 있는 그 눈빛을 간직하시오. 그러면 나는 어떤 방식으로라도 당신이 걷는 길을 비추도록 노력하겠소."

순간 안중근의 눈앞에는 정말 한 줄기 빛이 솟아난 듯했다.

'그래, 이 사람은 큰 인물이다. 앞으로 함께 뜻을 이어갈 사람이다.'

안중근의 가슴속에는 확신과 벅참이 차올랐다.

"그런데 어째서 저를 이렇게 믿는 겁니까?"

안중근의 물음에 최재형이 웃으며 대답했다.

"당신의 뜻과 내 뜻이 지금 이 순간에 이르러 우연히 만났기 때문이 겠지. 마치 어린 시절의 내가 선장 부부를 만난 것처럼 말이오. 그리고…… 당신이 이곳에 오기 전에 학교를 세워 운영했다는 말을 듣고 이미 확신했소."

안중근은 그를 바라봤다.

"조국의 독립을 위한 길은 분명 하나가 아닐 거요. 당신이 그랬던 것처럼 나 또한 이곳에서 동포들을 위해 학교를 운영하고 있지. 배움과 지식은 무력으로 깨뜨릴 수 없는 강한 힘이오. 그러나 모든 것은 때를 잘 만나야 하오. 지금은 단지 교육만으로는 독립을 이룰 수가 없소. 저들의 칼과 총이 학교도 겨누고 있기 때문이지. 그렇다고 교육과 앎이 정답이 아닌 것은 아니요. 외적인 힘과 내적인 힘이 조화를 이룰 때 더욱 강해지는 법이지. 단, 지금은 외적인 힘이 확연히 약하기 때문에 거기에 집중할 필요가 있소. 당신은 그것을 위해 왔고, 그렇죠?"

안중근은 고개를 끄덕였다.

"나에게는 재산이 있소. 동포들의 앎을 위해 교육을 할 수도, 그리고 외적인 힘을 키울 무기를 살 수도 있을 만큼 충분하오. 다만 내게는 확신이 필요하오. 내 힘을 충분히 이용할 수 있는 사람 말이오."

최재형은 갑자기 안중근의 손을 부여잡았다.

"안 동지라면 충분히 해내리라 생각하오. 우리 함께 조국의 독립을 위해 애씁시다."

안중근은 동지라는 말에 더욱 감정이 격해지는 것을 느꼈다.

'그래, 이런 사람도 있다. 조국을 등지고 외면하는 사람만이 아니라, 진정으로 조국을 위하고 자신의 모든 것을 바치는 사람도 있다.'

안중근은 고국을 떠난 뒤 처음으로 가슴이 희망으로 가득 차는 것을 느꼈다.

대한제국 의병 창설

이윽고 배가 블라디보스토크 항구에 닿았다. 안중근은 배에서 내리자마자 한인들이 거주하고 있는 지역을 찾아갔다. 그곳에 머물 곳을 정한 안중근은 우선 블라디보스토크의 실정을 살피기 시작했다. 사오천 명의 한인 거주지역에는 학교도 몇 개 있었고, 청년회도 조직되어 있었다. 게다가 이곳에는 조국의 독립을 꾀하는 애국지사들이 많이 머물렀다. 러일전쟁에서 패배해 일본에 적개심을 갖게 된 러시아가 한국의 독립운동가들에게 어느 정도 관대했기 때문이다.

'이곳은 사정이 나은 편이구나. 게다가 뜻이 같은 사람들이 많이 모여드니 앞날을 도모하기에도 좋다.'

안중근은 마을을 돌아다니며 사람들에게 조국의 소식을 전하며 항일애국운동을 펼쳐 나갔다. 또한 청년회에 가입하여 임시사찰로 뽑히

기도 했다. 청년회 소속이 된 안중근은 회원들과 함께 근처 지역을 돌아다니며 사람들을 교육하고, 의병활동에 나서도록 설득했다.

안중근은 생각했다.

'한시라도 빨리 힘을 모아 의병을 일으켜야 한다. 일본군의 위세가 더 커져 언제 이곳까지 장악하려 들지 모른다. 이렇게 마냥 사람들을 가르치거나 설득할 수만은 없다. 무엇보다 중요한 것은 바로 힘이다.'

이런 생각에 마음이 급해진 안중근은 블라디보스토크에 머물고 있던 애국지사들을 찾아다니며, 의병을 조직하여 일으킬 것을 설득하고 다녔다. 그 애국지사 중 한 사람이 바로 이범윤이다. 이범윤은 간도 관리사를 지내다 러일전쟁 때부터 항일 의병부대를 이끌던 사람이었다. 그러나 러일전쟁에서 러시아가 패배한 뒤로는 러시아로 건너와 때를 살피고 있었다.

안중근은 이범윤을 만나 자신의 뜻에 동참해 줄 것을 설득했다.

"지난 러일전쟁 때 각하는 러시아를 도와 일본을 쳤는데, 이는 하늘의 뜻을 어긴 것이라 할 수 있습니다. 왜냐하면 그때는 일본이 동양의 대의를 들어 동양 평화와 대한의 독립을 굳건히 할 뜻을 세계에 밝히고 러시아를 쳤기 때문입니다. 그때는 그것이 하늘의 뜻이고 대의가 분명했기에 일본이 승리할 수 있었습니다. 그런데 이제는 각하께서 의병을 일으켜 일본을 치는 것이 하늘의 뜻에 순응하는 일입니다. 왜냐하면 현재 이토 히로부미는 지난날을 믿고, 망령되고 교만하며 극악해져 온갖 악행을 저지르고 있습니다. 위로는 천황을 속이고 백성들을 함부로 죽이며, 이웃나라와 의를 끊음은 물론, 세계의 믿음과 의를 저버리고 있습니다. 그야말로 하늘의 뜻을 거스르고 있습니다. 그러니 각하께서 의병을 일으키는 일이 바로 하늘의 뜻을 따르는 일입니다. 각하께서는 이 점을 염두에 두고 속히 의병을 일으켜서 하늘의 뜻에 따라야 합니다."

그러나 이범윤의 대답은 예상 밖이었다.

"자네가 한 말이 모두 맞네. 하지만 의병을 일으키기 위해서는 재정이나 군기가 필요하네. 그런데 지금 당장은 그것들을 마련할 길이 없지 않은가?"

"조국의 흥망이 조석에 달려 있습니다. 이런 상황에서 마냥 팔짱만 끼고 앉아서 기다린다고 재정과 군기가 하늘에서 떨어지겠습니까? 하늘에 순응하고 사람의 도리를 따르는데, 어떤 어려움인들 헤쳐 나가지 못하겠습니까? 제가 비록 재주는 없지만 각하께서 의거를 일으킬 각오를 한다면 제가 만분의 일이나마 힘이 되겠습니다."

안중근은 간곡하게 설득했다. 하지만 여전히 이범윤은 마음을 정하지 못하고 머뭇거렸다. 이후에도 안중근은 의거를 일으킬 것을 이범윤에게 거듭해서 제안했다. 그러나 역시 쉽게 결정을 내리지는 못했다. 나라의 독립을 위한 일이었지만, 이처럼 같은 동포끼리도 쉽게 뜻을 모으지 못한다는 사실에 안중근은 가슴이 저려 왔다.

하지만 모든 사람이 뜻이 맞지 않았던 것은 아니다. 안중근은 그곳에서 의협심이 강한 두 사람을 만났다. 바로 엄인섭과 김기룡이다. 이들 세 사람은 의거를 일으켜야 한다는 당위성에 대해 모두 동의했다. 또한 무엇보다 셋 모두 의리를 중히 여겼고, 정이 두터웠다. 그중 나이가 많은 엄인섭이 큰형이 되고, 그다음이 안중근, 김기룡이 셋째가 되었다. 세 사람은 의병을 조직해 의거를 일으켜야 한다는 계획 아래, 많은 일들을 모의했다. 우선 의병부대 창설을 위한 '동의회'를 조직해 최재형을 회장으로 추대한 뒤, 각 지방을 돌면서 사람들을 만나 열정적으로 연설했다. 그 내용은 조국의 독립을 위해 다 함께 힘을 모을 것과 의병부대의 필요성을 강조하는 것이었다.

"현재 우리 한국의 참상을 여러분은 아십니까, 모르십니까? 일본은 러시아와 전쟁을 하면서 '동양 평화를 유지하고 한국의 독립을 굳건히 한다'고 했습니다. 하지만 지금 일본의 만행을 보십시오. 이같이 중대한 의리를 지키지 않고 도리어 한국을 침략해 5조약(을사늑약)과 7조약을 강제로 맺은 다음, 황제를 폐하고 군대를 해산하며 한국의 자원을 빼앗지 않은 것이 없습니다. 이 같은 만행에 2천만 민족이 분개했고, 의병들이 곳곳에서 일어났습니다. 그런데 보십시오. 저들은 도리어 우리를 폭도로 몰며 군사를 풀어 참혹하게 살육하고 있습니다. 강토를 빼앗고 사람들을 죽이는 자가 폭도입니까, 아니면 제 나라를 지키고 외적을 막는 사람이 폭도입니까? 우리가 이 왜놈들을 죽이지 않는다면 한국은 없어질 게 분명하며 동양도 말살되고야 말 것입니다."

안중근이 연설할 때마다 많은 사람들이 모여들어 함께 분개하며 연설을 들었다.

"지금 한국에서는 의병이 일어나지 않는 곳이 없습니다. 하지만 의병이 패한다면 일본은 우리에게 폭도라는 이름을 붙여 서슴없이 살육을 저지를 것이고, 집집마다 불을 지를 겁니다. 그런 뒤에 한국 민족이 무슨 면목으로 세상에 나설 수 있겠습니까? 그러니 바로 지금, 국내외나 남녀노소를 막론하고 총을 들어 일제히 의거를 일으켜야 합니다. 이기고 지고, 잘 싸우고 잘못 싸우고의 문제가 아니라, 통쾌한 싸움을 하여 천하 후세로부터 웃음거리를 피해야 할 것입니다. 만약 이처럼 싸우기만 하면 세계열강의 공론도 없지 않을 것이니, 독립할 희망도 있을 것입니다. 일본은 5년 이내에 반드시 러시아, 미국, 청국 등 3국과 더불어 전쟁을 하게 될 겁니다. 그런데 이때 한국인이 아무 준비도 하지 않는다면, 설사 일본이 전쟁에 지더라도 한국은 또다시 다른 도둑의 손안에 들어갈 것입니다. 그러니 지금 의병을 일으키는 것은 물론, 끊임없이 의병활동을 해서 기회를 잃지 말아야 합니다. 스스로 강한 힘으로 국권을 회복해야만 진정한 독립을 이룰 수 있을 것입니다."

안중근은 이렇게 연설하며 지방 곳곳을 돌았는데, 이 연설을 들은 많은 사람들이 합류했다. 어떤 이들은 자원해서 출전 의사를 밝혔고, 또 어떤 이들은 병기를 내놓거나 의금을 내어 돕기도 했다.

의병을 일으키기 위한 그의 노력은 여기서 멈추지 않았다. 머뭇거리며 결단을 못하던 이범윤을 여러 번 만나 설득에 성공하는 것은 물론, 각 지역의 의병장들을 만나 함께하겠다는 뜻을 모았다. 또한 연추 지역에서 활발한 활동을 하던 최재형 및 헤이그 특사의 일원으로 활동하다 블라디보스토크로 돌아온 이위종 등과도 만나 의거를 계획했다.

이러한 노력이 결실을 맺은 것일까. 마침내 각 지역의 의병들이 합심하여 '결의록'과 '동맹록'을 작성한 뒤, 연합부대를 창설했다. 총독은 김두성, 대장은 이범윤이었다. 안중근은 의군참모중장에 선임되었다. 의군이 조직될 수 있었던 데는 러시아의 신임을 받았던 최재형의 공이 컸다. 그가 러시아 장교들을 설득해 무기를 입수할 수 있었던 것이다. 또한 그의 재력도 한몫했다.

의군참모중장에 선임된 안중근은 우선 의군들의 마음을 다잡으며 그들을 훈련시키는 데 열중했다. 수적으로도 열세인 데다 의병 한 사람 한 사람의 역할이 전투의 승패를 결정지을 수 있기 때문에 무엇보다 확고한 의지를 갖는 게 중요했다.

"지금 우리들은 이삼백 명밖에 안 된다. 적은 강하고 우리는 약하다. 그러므로 적을 가벼이 여겨서는 절대 안 된다. 병법에 이르기를 '비록 백 번 급한 바쁜 일이 있더라도 만전의 방책을 세운 연후에는 큰일을 꾀할 수 있다'라고 했다. 한 번의 의거로 성공하지 못할 것은 뻔한 일이다. 하지만 처음에 이루지 못하면 두 번, 세 번, 열 번에 이르고, 백 번을 꺾여도 굴하지 않고, 금년에 못 이루면 내년에 도모하고, 내년, 내후년, 십 년, 백 년이 지나도 좋다. 우리 대에 목적을 이루지 못하면 아들 대, 손자 대에서라도 반드시 대한제국의 독립권이 회복될 거라는 굳은 각오가 필요하다. 그렇게 앞으로 나아가고, 뒤로 물러나고, 급히 나아가고, 천천히 나아가며 앞일을 미리 준비하고, 뒷일도 마련하는 식으

▲ 13도 의군 총재 의암 유인석　　　　　▲ 의병장 홍범도

로 모든 방법을 준비하면 반드시 목적을 달성할 수 있을 것이다."

　안중근은 의군들에게 굳은 마음을 심어 주기 위해 노력했다. 물론 안중근의 말을 탐탁지 않게 여기는 이들도 있었다. 그곳에 모인 사람들은 권력가, 재산가, 주먹이 센 사람들, 관직이 높은 사람들, 나이가 많은 사람들을 높이는데, 안중근은 이런 것들 가운데 한 가지도 가지지 못했기 때문이다. 그러나 안중근은 그런 것들에 아랑곳하지 않고, 훈련과 사상교육을 계속했다. 어렵게 꾸려진 의군이었고, 조국의 독립이라는 커다란 과제가 눈앞에 있었기 때문이다.

- 6장 -

의병활동과 단지동맹

國家安危
勞心焦思

국내 진입 작전

안중근이 외국 땅에서 의병을 창설하여 훈련한 목적은 일본군을 물리치고 조국을 일본으로부터 명실상부하게 독립하고자 함이었다. 일본군은 국내를 비롯하여 중국에까지 광범위하게 포진하고 있었다. 안중근이 참여해 처음으로 시작한 의병전투는 국내 진입 작전이었다.

그는 1908년 7월 국내 진입 작전에 최재형 부대의 우영장으로 참여하였다. 연합의병부대는 육로와 해로로 나누어 국내에 진입하기로 전략을 짰다. 해로를 택한 500여 명의 의병부대는 두만강 하구 녹둔에서 중국 선편으로 청진과 성진 사이의 해안으로 상륙하고, 안중근을 포함한 300여 명의 의병부대는 지신허에서 출발해 두만강을 건너 회령에서 무산으로 이동하기로 했다. 최종 집결지는 갑산과 무산이었다. 의병연합부대는 갑산과 무산을 차례로 치고 회령을 점령한 다음, 두만강

▲ 연추 의병부대 국내 진공 작전 루트

상류 지역을 회복하여 본격적인 국내 진공 작전의 거점을 마련할 계획
이었다.

안중근은 의병으로 출전하면서 적은 부대로 잘 훈련된 일본군 정예
부대와 대적하는 것이 결코 쉽지 않다는 것을 잘 알고 있었다. 하지만
승패보다는 당위에서 총을 든 것이었다. 박은식은 "만일 성패를 가지
고 의병을 평가한다면, 의병의 본질을 천박하게 이해하는 것"이라며
『한국독립운동지혈사』에서 역설했다. 안중근과 연합의병부대에 참여
한 병사들도 모두 같은 생각이었다.

안중근의 의병부대는 조국을 위해서라면 언제라도 목숨을 바칠 준
비가 되어 있는 충성심 높은 사람들이었다. 조국을 위한 사명감에 불
탈 뿐만 아니라 어떤 전투에서도 용전분투할 용맹한 군사들이었다.

안중근의 부대는 두만강을 건너 함경북도 경흥군 노면 삼리에 주둔한 일본군 수비대를 급습했다. 일본군 여러 병을 사살하고 수비대 진지를 점령하는 등의 전과를 올렸지만 부대 전체로는 참담한 패배였다. 의병부대는 두만강의 국경 수비를 맡고 있던 동부수비대와 치열한 전투를 벌였다. 무기도 열악하고, 폭우가 쏟아지는 악천후 속에서 중과부적으로 4~5시간 동안 전투가 벌어졌다. 결과는 의병부대의 괴멸이었다. 안중근은 『안응칠 역사』에서 당시 상황을 이렇게 적었다.

"그 뒤 일본군들이 습격하므로 충돌하기 4~5시간 동안 날은 저물고 폭우가 쏟아져 지척을 분간하기 어려웠다. 장졸들이 이리저리 분산하여 얼마나 죽고 살았는지조차도 진단하기 어려웠다. 형세가 어찌할 길이 없어 수십 명과 함께 숲 속에서 밤을 지새웠다. 그 이튿날 60~70명이 서로 만나 그동안의 사연을 물었더니 각각 대를 나누어 흩어졌다는 것이다."

사전에 첩보를 입수한 일본군은 척후병 4명을 파견했으나 의병부대에 사로잡혀 처단되었다. 연합의병부대가 한 개 사단이 넘은 일본군의 국경수비망을 뚫고 진격해 어느 정도의 전과를 올린 것은 높이 평가해야 할 일이다. 이때 안중근 부대는 일본 군인과 상인 몇 명을 포로로 붙잡았다. 신용하의 『안중근 유고집』에 따르면, 안중근은 포로로 잡은 일본 군인과 상인들을 이렇게 꾸짖었다고 한다.

"너희들은 모두 일본국 신민이다. 그런데 왜 천황의 거룩한 뜻을 받아들이지 않는가? 또한 러일전쟁을 시작할 때 선전문에 동양 평화를 유지하고 대한독립을 굳건히 한다고 해놓고 오늘날 이렇게 조선과 싸우고 침략하니 이것을 어찌 평화 독립이라고 말할 수 있겠느냐? 이것이 역적 강도가 아니고 무엇이냐?"

포로와의 대화를 통해 안중근이 갖고 있던 대일 인식의 단면을 엿볼 수 있다. 그는 일본 사회를 이토 히로부미를 중심으로 한 침략 세력, 이 침략 세력에 희생당하는 일본 국민, 그리고 천황으로 구분하여 보고 있다. 또한 그는 이토 히로부미를 중심으로 한 세력들이 한국의 독립과 동양 평화의 유지라는 '천황의 뜻'을 어기고 한국을 침략했고, 자국민마저 핍박하고 있다고 여기고 있었다. 이러한 의미에서 안중근은 홍범도에게 일본인이라 할지라도 이토 히로부미의 침략정책으로 고통을 당하는 양민을 적대시해서는 안 된다고 주장하였던 것이다(『한국독립운동사』, 1999).

안중근에게서 훈계를 받은 일본 군인들은 눈물을 흘리며 말했다.

"그것은 우리들의 본심이 아닙니다. 부득이한 사정으로 그렇게 된 것입니다. 사람이 세상에 태어나서 살기를 바라고 죽기를 두려워하는 것은 당연한 감정인데, 우리가 만리타향 싸움터에서 참혹하게 주인 없는 원혼이 되어 버리면 어찌 원통하지 않겠습니까? 오늘 우리가 이렇게 된 것은 다른 까닭이 있는 것이 아니라 이토 히로부미가 잘못을 저

질렀기 때문입니다. 천황의 성지를 받들지 않고 제 마음대로 권세를 주물러, 일본과 한국의 귀한 생명을 무수히 죽이고, 저는 편안히 누워 복을 누리고 있으니 우리들도 분한 마음이 치솟고 있지만 어찌할 도리가 없어 사태가 이 지경에까지 이르게 된 것입니다."(신용하, 1985)

그들은 말을 마치고는 통곡을 그치지 않았다. 그런 그들을 향해 안중근은 다음과 같이 타이르며 훈계했다.

"내가 너희들의 말을 들으니 과연 충의한 사람이라는 생각이 든다. 너희들을 살려 보내줄 것이니, 돌아가거든 그런 난신적자들을 쓸어버리도록 하라. 만일 또 그 같은 간사한 무리들이 까닭 없이 전쟁을 일으켜 동족을 괴롭히고, 이웃 나라를 침략하고자 하는 의견을 제시하면 그런 자를 쫓아가 제거해 버려라. 그렇게만 하면 그런 자가 열명이 되기 전에 동양 평화가 이루어질 것이다. 그렇게 할 수 있겠느냐?"(신용하, 1985)

만국공법 정신의 수호와
의병들의 반발

    결국 안중근은 만국공법 정신에 따라 포로들을 타이르고 이들을 석방했다. 포로들이 무기를 가져가지 않으면 처벌받는다고 애원해 그들이 지참했던 무기도 돌려주었다. 안중근의 행위는 어찌 보면 죽고 죽이는 처참한 전장에서의 치기 어린 휴머니즘이기도 했고, 달리 생각하면 지극한 인류애의 발로이기도 했다(신용하, 1985).

    안중근의 포로 석방 조치는 의병전쟁이 개인적인 감정이나 원한이 아니라 어디까지나 정의와 인도의 법칙에 바탕을 두고 있었음을 말해준다. 이는 또한 안중근의 인도주의적이고 종교적인 일면이기도 하다. 그는 조국의 독립을 위해 의병전쟁을 하면서도 인명을 존중하는 휴머니즘을 보여주었다. 만국공법은 포로의 사살을 금하고 있었다. 전투 중의 사살과 포로의 살상은 전혀 다른 것이었다.

▲ 안중근의 포로 석방(안중근의사기념관)

그러나 이것이 화근이 되었다. 서로 간에 죽고 죽이는 전쟁터에서 포로로 잡은 적병을 살려서 돌려보낸 안중근에 대해 의병들의 질타가 쏟아졌던 것이다.

"적은 우리 의병을 잡기만 하면 참혹하게 죽인다. 우리도 저놈들을 죽일 목적으로 싸우고 있는데, 잡은 놈들을 모두 보내준다면 우리의 목적이 무엇이냐?"(신용하, 1985)

그것은 이유 있는 항변이었다. 이에 대한 안중근의 답변은 차라리 철인의 모습, 그것이다.

"그렇지 않다. 절대로 그렇지 않다. 적들이 그렇게 폭행을 자행하는 것은 하느님과 사람을 다 함께 분노케 하는 것이다. 그런데 우리들마저 저들과 같은 야만적인 행동을 해야만 하겠는가? 또 그대들은 일본의 4,000만 인구를 모두 죽인 다음에야 국권을 회복하려고 하는가? 적을 알고 나를 알면 백번 싸워 백번 모두 이길 수 있다. 지금 우리는 약하고 적은 강하니 악전고투할 수밖에 없다. 그뿐 아니라 충성된 행동과 의로운 거사로 이토 히로부미의 포악한 정략을 성토하여 열강의 호응을 얻어야 우리의 한을 풀고 국권을 회복할 수 있을 것이다. 이것이 바로 약한 것으로 강한 것을 물리치고, 어진 것으로 악한 것에 대적한다는 것이다. 그대들은 더 이상 여러 말 하지 말아 주기 바란다."

이처럼 안중근의 간절한 설득에도 불구하고 사람들의 불만이 분분했고, 장교 중에는 부대를 이끌고 멀리 떠나버리는 사람도 있었다. 안중근은 만국공법을 언급하며 거듭 동료들을 말리고, "천주님을 믿어 영생을 구원받자."며 종교적인 신념으로 설득하기도 했다(신용하, 1985).

만국공법은 한말에 지식인 사회에 널리 전해져 정부는 물론 개화파, 위정척사파를 가리지 않고 수용되었다. 특히 정부가 러일전쟁 직전에 대외중립을 선언하면서 만국공법은 지식인들 사이에서 마치 '구원의 손길'처럼 인식되기도 했다. 안중근의 경우에도 예외는 아니었다. 하지만 일제가 본격적으로 한국에 침략의 마수를 뻗기 시작하면서 만국공법에 대한 지식인들의 인식은 크게 바뀌었다. 신채호는 "20세기의 이 세계는 군사를 숭상하는 세계다. 강한 군사가 향하는 곳에 정의가 힘을 못 쓰고, 대포가 이르는 곳에 공법이 쓸 데가 없어서 오직 강력만 있고 강권만 있을 뿐이다."라며 만국공법의 무용성과 강권성을 비판했다.

안중근은 일본군 포로 2명을 석방하면서 만국공법을 제시했다. 하지만 당시 의병들의 입장에서는 이것을 용인하기 어려웠을 것이다. 그러나 어느 측면에서 안중근은 현실과는 부합되지 않았지만, 대단히 선각적인 인식을 갖고 있었음이 드러난다. 안중근은 10 · 26 의거 뒤, 감행한 거사가 개인적으로 한 것이 아니라 의병으로서 전쟁에 나갔다가 포로가 된 것이므로 만국공법에 따라 자신의 신병을 처리해 줄 것을 요청했다. 『안중근 의사 자료집』에는 다음과 같은 기록이 있다.

> "광무 3년 한청 통상조약에 의해 한국인은 청나라에서 치외법권을 가지고 있고 또 청국은 한국에서 치외법권을 가지고 있으므로 한국인이 해외에서 죄를 범하면 아무런 명문이 없으므로 무죄라고 한 것은 매우 부당한 말이라고 생각한다. ……나는 결코 개인적으로 한 것이 아니라 의병으로서 한 것이며, 따라서 나는 전쟁에 나갔다가 포로가 되어 이곳에 온 것이라고 믿고 있으므로 생각컨대 나를 만국공법에 의해 처벌해 줄 것을 희망하는 바이다."

안중근의 일본 포로 석방은 예상외로 의병부대 내에 심각한 파장을 몰고 왔다. 우영장, 엄인섭이 이끌던 의병부대는 러시아로 돌아가고, 안중근 부대는 사방으로 흩어졌다. 안중근과 그의 잔류 부대는 산속에서 4~5일 동안 헤매며 밥 한 끼도 제대로 먹지 못하고 신발도 신지 못한 채 험한 산길을 걸어야 했다. 풀뿌리를 캐어 먹고 담요를 찢어 발을 싸매면서 피신과 교전을 거듭했다. 풀어준 일본군이 의병의 위치를 알려주면서 기습 공격을 해왔기 때문에 피해가 더욱 컸다. 안중근은 『안응칠 역사』에 이렇게 기록하고 있다.

"이때 안중근은 일본군과 산발적인 교전을 하면서 산간 밀림의 폭우 속에서 밤을 보냈다. 다음 날 흩어진 병사를 모았으나 60~70명에 지나지 않았다. 이들은 전투로 지쳐 있었고 군기도 서 있지 않았다. 이때 그는 의병의 현실을 보고서 창자가 끊어지고 간담이 찢어지는 것같이 괴로워했다. 이후 안중근은 의병을 재정비했으나 일본군의 습격을 받고 또다시 대오는 흩어지고 말았다. 이후 그는 고생 끝에 손, 김 두 부하를 만났다. 이들이 우왕좌왕하는 모습을 보이자 그는 '일본군과 더불어 한바탕 장쾌하게 싸움으로써 대한 국인의 의무를 다한 다음에 죽으면 여한이 없을 것이다'라며 격려의 말을 잊지 않았다."

참담한 상황이었다. 안중근은 며칠째 굶주림과 추위에 떨면서 살아남은 병졸들에게 물었다.

"그들과 어떻게 하면 좋을 것인가를 의논하였으나 네 사람의 의견이 모두 달랐다. 한 사람은 목숨이 있을 때까지는 살아야 한다고 하고, 또 한 사람은 자살해 버리고 싶다고 하고, 다른 한 사람은 차라리 일본군에게 포로가 되겠다고 하였다."

이때 안중근은 한 편의 즉흥시를 지어 동지들을 격려하고 자신의 마음을 다잡았다.

사나이 뜻을 품고 나라 밖에 나왔다가
큰일을 못 이루니 몸 두기 어려워라.
바라건대 동포들아 죽기를 맹세하고
세상에 의리 없는 귀신은 되지 말자.

안중근은 한 달 반이 지난 7월 말에 우덕순, 갈화춘 등과 12일 동안 하루 두 끼만 요기하면서 구사일생으로 연추 본거지로 귀환했다. 피골이 상접하여 친구들도 알아보기 어려울 정도로 초췌해져 있었다. 출전할 때 입었던 옷은 넝마가 되어 있었고 이가 득실거렸다. 하지만 정작 안중근을 가슴 아프게 한 것은 동포들의 냉대였다. 일본군 포로들을 석방해서 의병부대가 기습 공격을 받게 되고 많은 희생자를 냈다는 것이다. 패배의 모든 책임은 안중근에게 떠넘겨졌다. 패전지장의 운명이 된 것이다.

그러자 러시아 한인사회의 최대 부호이자 최초의 한인 신문인 「해조신문(海朝新聞)」의 창간자인 최봉준은 의병활동의 억제 방안을 일제와 협의하였으며, 러시아 당국에 최재형의 협조 요청을 거부하도록 종용하였다(반병률, 『시베리아연해주 한인사회와 한인민족운동(1905~1911)』).

또한 그는 최재형에게 의병 해산을 촉구하는 것에 그치지 않고 김학만·차석보·이영춘 등과 공동으로 「대동공보(大東共報)」에 '의병을 지원하지 말라'는 내용의 광고를 내기도 하였다. 물론 이러한 최봉준의 행위는 의병의 존재를 한인의 사업과 교역을 방해하는 요인으로 보는 귀화인의 입장을 대변하고 있었다.

이러한 분위기 속에서 의병 세력의 중추적 위치에 있던 최재형도 1909년 1월 17·20일 양일에 걸쳐 「대동공보」에 의병을 혹독하게 비판한 광고문을 게재하기에 이른다. 이는 의병 세력의 결정적인 퇴조를 의미하는 것이었다. 결국 이러한 한인사회의 변화는 의병전쟁과 같은 급진적인 운동이 퇴조하고, 점차 교육·문화 활동에 치중하는 점진적인 운동이 한인사회의 지배적인 운동 노선으로 등장한 배경이 되었다(반병률).

그러나 블라디보스토크에 사는 다수의 한인들은 생각이 달랐다. 그들은 안중근의 의병투쟁을 크게 환영했고 환영대회에 참석해 줄 것을 바랐다. 그러나 안중근은 다음과 같이 사양을 하며 참석하지 않았다.

"패전해 돌아온 사람이 무슨 면목으로 여러분의 환영을 받을 수 있겠습니까?"

하지만 동포들은 오히려 안중근을 격려했다.

"지고 이기는 것은 전쟁터에서 흔히 있는 일이니 부끄럽게 생각하지 마시오. 더구나 그렇게 위험한 곳에서 살아 돌아왔으니 어찌 환영하지 않을 수 있겠소."

　이곳 동포들의 격려에 힘을 얻은 안중근은 이후 하바로프스크 방면으로 가서 여러 지역을 순회하며 동포들을 만나 다시 의병 조직을 준비했다. 그리고 동포들에 대한 교육사업을 벌이며 군자금을 모았다.

　그러던 어느 날 안중근은 괴한 6~7명에게 붙잡혀 산속의 외딴 집으로 끌려갔다. 일진회 무리들이 본국에서 이곳으로 피신해 와서 저지른 횡포였다. 이들은 안중근이 의병을 일으킨 것을 문제 삼았다. 안중근은 지략을 써서 간신히 빠져나와 죽음을 면했다. 그리고 친구 집에서 다친 상처를 치료하면서 그해 겨울을 하바로프스크에서 보냈다.

　그렇다고 안중근이 눈 덮인 하바로프스크에서 마냥 세월이나 축내고 있었던 것은 아니다. 안창호 등이 미주에서 조직한 공립협회가 블라디보스토크에 지회를 설치할 때 우덕순과 함께 참여했고, 1909년 1월경에는 박춘성 등 30여 명이 의병과 함께 연추 지역으로 진격하는 등 산발적이나마 여전히 의병활동을 전개했으며, 또한 여기저기 사람을 풀어 동지들을 규합했다(신용하, 1985).

단지동맹을 맺다

그럼에도 불구하고 결국 의병의 재기는 실현되지 못하였다. 의병전쟁 후 러시아 한인사회의 의병에 대한 비판적인 분위기와 의병 세력의 분열은 무력에 의한 대일 투쟁력의 약화를 초래하였다. 이때 이러한 상황을 반전시키고 동지 간의 결의를 다지기 위한 결사단체의 필요성을 안중근은 절실하게 느꼈던 것으로 보인다.

안중근이 하바로프스크에서 다시 연추로 돌아온 것은 해가 바뀐 1909년 1월이었다. '병가상사(兵家常事)'라는 한 번의 패전으로 언제까지나 좌절하고 있을 수만은 없었다. 그는 구국의 뜻을 함께하는 동지들을 열심히 모았고, 그리하여 결행한 단체가 바로 우리 독립운동사에 선혈로 기록되는 '단지동맹(斷指同盟)'이다.

안중근은 1909년 3월 5일, 연추 하리 마을에서 생사를 같이하며 구

▲ 안중근 의사와 단지동맹 동지 황병길(맨 오른쪽)과 백규삼(왼쪽에서 두 번째)

국운동에 투신하는 동지 11인과 단지동맹을 결행하고, '조국의 독립 회복과 동양 평화 유지'를 목적으로 '동의단지회'를 결성했다. 안중근 은 이를 '정천동맹(正天同盟)'이라고 명명했다. 단지동맹을 결성했던 하 리는 현재의 크라스키노 유카노바 마을에서 훈춘 방향으로 가는 길목 이었다(『안응칠 역사』, 1979).

대부분 의병 출신인 '동의단지회' 맹원은 20대 중후반 혹은 30대 초 반의 젊은이들로 김기룡, 강순기, 정원주, 박봉석, 유치홍, 김백춘, 백 규삼, 황영길, 조응순, 김천화, 강창두 등이다. 이날 12인의 애국자들 은 왼손 무명지 첫 관절을 잘라 태극기에 선혈로 '대한독립'이라 쓴 뒤 "대한 독립 만세!"를 외쳤다. 안중근의 약지가 잘린 수형은 이때의 단 지로 인한 것이다.

안중근은 12인의 피를 사발에 모아 직접 정천동맹하여 결성하는 단지동의회의 취지문을 다음과 같이 혈서했다.

〈동의단지회 취지문〉

오늘날 우리 한국 인종이 국가가 위급하고 생민이 멸망할 지경에 당하여 어찌하였으면 좋은지 방법을 모르고 혹 말하기를 좋은 때가 되면 일이 없다 하고, 혹 말하기를 외국이 도와주면 된다거나, 이 말은 다 쓸데없는 말이니 이러한 사람은 다만 놀기를 좋아하고 남에게 의뢰하기만 즐겨하는 까닭이라.

우리 이천만 동포가 일심단체 하여 생사를 불고한 연후에야 국권을 회복하고 생명을 보전할지라.

그러나 우리 동포는 말로만 애국이니 일심단체니 하고 실지로 뜨거운 마음과 간절한 단체가 없으므로 특별히 한 회를 조직하니 그 이름은 동의단지회라. 우리 일반 회우가 손가락 하나씩 끊음은 비록 조그마한 일이나 첫째는 국가를 위하여 몸을 바치는 빙거요, 둘째는 일심단체 하는 표라. 오늘날 우리가 더운 피로써 청천백일하에 맹세하오니 자금위시하여 아무쪼록 이전의 허물을 고치고 일심단체 하여 마음을 변치 말고 목적을 도달한 후에 태평동락을 만만세로 누리 옵시다.

안중근은 이 '동의단지회 취지문'에서 외국이 도와주면 독립이 될 수 있다고 생각하는 것은 잘못됐으며, 오로지 2천만 동포가 일심단체가 되어 생사를 뛰어넘어야 국권을 회복하고 생명을 보전할 수 있다고 천명했다.

단지동맹자 명단은 자료에 따라 다소 차이가 있다. 여기서는 이 분야의 전문가인 윤병석 교수의 명단을 취한다. 윤병석 교수는 "안중근이 '10 · 26 의거' 뒤 동지들을 보호하기 위해 가능한 한 명단을 밝히려 하지 않았고, 언급한 명부도 신문마다 약간씩 성명을 달리한 경우가 있다. 현재 명백한 것은 안 의사가 결의형제를 맺었던 김기룡과 단지와 혈서한 태극기를 보관하였던 백규삼 그리고 황영길, 조응순, 강순기, 강창두 정도다. 다음 12인의 동맹자 명부는 1909년 12월 12일자 사카이 경시의 단지동맹에 관한 심문 결과 보고 전문을 비롯해 동년 12월 20일자 미조부치 다카오 검사 심문조서, 1910년 2월 7일자 뤼순 공판 시 안 의사 답변 속기록, 1911년 7월 5일자 블라디보스토크 일본 총영사 보고서, 1920년 일제가 작성한 조응순 공술서 등을 종합해 작성한 것"이라면서 12인이 손가락을 절단해 쓴 혈서는 "동맹의 1인인 백규삼이 보관하고 있었으나 안 의사의 동생 안정근이 안 의사의 옥중 유언에 따라 1912년 1월 이전 동맹자들에게 청하여 인수, 보관하고 있었다."라고 밝혔다(윤병석, 1999).

안중근과 맹원들이 선혈로 쓴 '한국독립기'와 단지동맹 때 절단한 손가락 그리고 기타 서류는, 독립운동가들과 러시아 지역 한인들에게 항일투쟁을 전개하는 데 있어서 정신적인 지주가 되었다. 일본 외무성

자료에는 "배일배는 신을 숭배하듯이 하고 새로 조선에서 오는 자는 일부러 와서 예배를 청하는 자조차 있다."라고 기록되어 있다. 안중근은 단지동맹의 의미를 『안응칠 역사』에서 다음과 같이 썼다.

"그다음 해 정월, 연추 방면으로 돌아와 동지 열둘과 상의하여 이르기를, '우리가 이제까지 일을 이룩한 것이 없으니 남의 비웃음을 면할 길이 없다. 생각컨대 특별한 단체가 없다면 무슨 일이든 목적을 이루기가 어렵다. 오늘 우리들은 손가락을 끊어 맹세를 같이하여 표적을 남긴 다음에 마음과 몸을 하나로 뭉쳐 나라를 위하여 몸을 바쳐 목적을 달성하도록 하는 것이 어떠한가?'라고 하였더니 모두가 좋다고 따랐다. 이에 열두 사람은 제각기 왼손 약지를 끊고, 그 피로써 태극기의 앞면에 네 글자를 크게 쓰기를 '대한독립'이라 하고는, 다 쓴 다음에 '대한 독립 만세'를 일제히 세 번 불러 하늘과 땅에 맹세하고 흩어졌다."

단지동맹은 의병의 재기가 어려운 상황에서 당장 일제와 싸우기보다 장기적인 계획을 추진하고자 결성된 것이었다. 그리고 그 목적은 어디까지나 의병을 조직해 일제와 전쟁을 하려는 것이었다. 안중근과 의형제를 맺고 의병활동을 함께해 온 김기룡은 뒷날 시베리아 지역에서 한인사회주의운동을 했고, 안중근 의병부대에 참가했던 조응순은 고려공산당의 한인부 위원과 한국독립단 부단장으로 활동했다. 황영

길은 대한민회 연추지방회 사무원과 훈춘의용군 사령관을 역임하고, 의용군 1,300여 명을 조직해 경원과 은성 등 국경 지방의 습격을 주도했다. 백규삼은 훈춘조선인기독교우회 회장, 안중근유족구제회 간부 등을 지내면서 항일구국투쟁을 전개했다(윤병석, 1999).

안중근의 '동의단지회' 결성은 이 지역 한인 세력의 판도에도 중대한 의미를 부여했다. 당시 이 지역 한인사회는 분열되어 있었다. 이범윤 세력과 최재형 세력 간에 대립이 심화되었고, 여기에 그동안 의병활동을 방관하다시피 해온 러시아 당국이 일제의 압력으로 탄압을 하고 나섰기 때문이다. 러시아 당국은 한인들의 훈련과 무기 소지를 금지하고, 의병의 무기를 압수하는가 하면 의병본부의 해체를 요구했다. 이러한 상황에서는 더 이상 의병전쟁이 어려웠다. 이러한 국면에서 조직된 안중근의 단지동맹은 어려운 현실을 타개하려는 의기가 담겨 있다고 할 수 있다. 이 부분에 대해 윤병석 교수는 다음과 같이 밝혔다.

"단지동맹은 안중근이 친로파로 단정한 이범윤, 최재형파와 결별을 선언하는 동시에 대내외에 안중근 세력의 건재함을 선포했다는 점에서 의미가 깊다. 이러한 측면에서 연추한인일심회는 단지동맹을 결성하기 위한 하나의 포석으로 그의 정치적 역량이 시베리아 사회에서 확고하게 인정받는 시금석이 되었던 것이다."

안중근은 '패전지장'의 좌절을 극복하고 줄기찬 노력 끝에 블라디보스토크 지역 한인사회의 지도자로 우뚝 섰다. 순수한 열정과 투철한 구국정신이 많은 동포들을 움직였고, 특히 의협심이 강한 청년들이 그의 휘하에 들어왔다. 안중근과 동지들은 1909년 3월, 약 300명의 의병을 동원해 다시 의병활동을 전개했고, 이 지역에 들어와 밀정 노릇을 하고 있던 일진회 무리를 색출하기도 했다.

안중근은 그해 봄과 여름 사이에 국내에 들어와 동정을 살피려는 계획을 모색했으나 경비 부족으로 실행에 옮기지는 못했다. 그러나 다른 자료에는 안중근이 은밀하게 한국에 들어와 활동했다는 기록도 있다.

- 7장 -

코레아, 우라!

國家安危
勞心焦思

빼앗은 100원

결과적으로 안중근은 블라디보스토크에서 더 이상 대규모 의병 모집과 항일전을 벌이기가 쉽지 않다는 것을 깨닫고 있었던 것으로 보인다. 안중근은 의병전쟁의 한계성을 인식하면서 조국 독립을 위한 다른 방법을 모색했을 것이다. 그러던 시기에 이토 히로부미의 만주 방문 소식을 접하게 되었던 것으로 보인다. 자신이 소싯적부터 연마한 사격술로 이토 히로부미를 처단할 수 있으리라는 자신감도 있었을 것이다.

그리고 안중근이 투쟁방법을 바꾸게 된 것은 러시아 당국의 변화된 태도도 기인한 것으로 보인다. 일본의 압력을 두려워한 러시아가 한인의 의병활동을 탐탁지 않게 여기면서 점차 이들을 억제하고 탄압했던 것이다. 이런 상황에서 안중근은 러시아 당국과 러시아인들에게 한인의 독립 열망이 얼마나 강렬한지 보여주고 싶었을 것이다. 그럴 즈음에 이토 히로부미의 만주 방문은 안중근에게는 절호의 기회였다.

그 즈음에 안중근이 남의 돈을 빼앗은 적이 있다. 그것도 의병장의 돈을 빼앗았다. 1909년 9월 엔치야에 머물고 있던 안중근은 허송세월에 대한 자책으로 울적한 나날을 보내고 있었다. 의병의 재기도 쉽지 않았고, 단지동맹을 맺어 의열동지를 규합했지만 당장 기의할 처지도 못되었다. 그러던 어느 날 동지들에게 선뜻 블라디보스토크로 가겠다고 말했다. 너무 갑작스런 발언이라 모두들 놀라움을 금치 못했다. 안중근의 책 『안응칠 역사』에는 이런 대목이 나온다.

"왜 그러시오? 갑자기 아무런 기약도 없이 왜 떠나려는 것이오?"

"나도 그 까닭을 모르겠소. 공연히 마음에 번민이 생겨 도저히 이 곳에 머물러 있을 수가 없소. 그래서 떠나려는 것이오."

나는 홀연히 대답했다.

"다시는 돌아오지 않을 것이오."

그들은 무척 이상하게 생각했으며, 나 역시 무의식중에 그런 대답을 했던 것이다.

이때 안중근에게는 어떤 영감이 떠올랐던 것으로 보인다. 그는 동지들과 작별하고 보로슬로프 항에서 일주일에 한두 번씩 오가는 블라디보스토크행 기선에 올랐다. 안중근이 항구에 도착했을 때 마침 기선이 출항 직전이었던 것도 행운이라면 행운이었다. 블라디보스토크에 도착하니 이토 히로부미가 곧 이곳에 올 것이라는 소문이 자자했다. 그러나 안중근은 이토 히로부미가 블라디보스토크에 언제 온다는 것인지, 그 일정을 자세히 알 수가 없어 하얼빈으로 가고자 했다. 하지만 여비를 마련할 길이 없었다. 안중근은 궁리를 거듭한 끝에 마침 한국 황해도 출신 의병장 이석산이 이곳에 머물고 있다는 사실을 알고 그를 찾아갔다. 『안응칠 역사』에는 다음과 같이 기록되어 있다.

> "이석산은 그때 다른 곳으로 가려고 행장을 꾸려 문을 나서던 참이었다. 나는 급히 그를 불러 밀실로 들어가 돈 100원만 꾸어 달라고 사정을 했으나 그는 끝내 거절하였다. 나는 하는 수 없이 그에게 위협을 가하여 강제로 100원을 빼앗았다. 자금이 생기니 일이 반은 이루어진 것 같았다."

의병장 이진룡으로 추정되는 이석산은 무기를 구입하고자 돈을 갖고 있다가 일부를 안중근에게 빼앗기게 되었다. 이때 안중근의 생각은 어땠을까. '성경을 읽기 위해 촛불을 훔치는 행위'는 정당하다고 믿었을까? 아니면 다급한 김에 특별한 고뇌 없이 오로지 이토 히로부미를 처벌하기 위해 벌인 단순한 행동이었을까? 혹시 일제의 신문을 받을 때 의병장 이석산을 보호하기 위해 '빼앗은' 것으로 진술한 것은 아니었을까? 안중근은 의거 뒤 일제의 심문과 재판 과정에서 단지동맹의 맹원이나 핵심 동지들을 보호하기 위해 가명을 대는 등 노력을 아끼지 않았다(윤병석, 1999).

이석산은 그 이후 연해주에서 다량의 무기를 구입해 1909년 11월 하순에 한국으로 돌아와 의병전쟁을 전개했다. 독립운동가들이 일제와 싸우기 위해서는 군자금이 필요했다. 그러나 일제의 철통같은 감시망으로 동포들의 성금 모금이 불가능해지면서 어쩔 수 없이 악질 친일파나 부호들의 재산을 탈취하여 군자금으로 활용하는 경우가 적지 않았다. 일본의 관청이나 은행을 턴 사례도 있었다. 경북 풍기에서 조직된 대한광복단은 1916년, 전 경상도 관찰사이며 악질 친일부호인 장승원과 충남 아산의 친일파 박용하를 암살하고 독립운동 자금을 빼앗았으며, 만주에서도 독립운동가 최봉설 등이 일본 관리들을 공격해 15만원을 탈취하기도 했다.

18세기 프랑스 혁명의 지도자 당통은 "조국이 위기에 처했을 때 모든 것은 조국에 속한다"라는 말을 남기고 프랑스 혁명을 지휘하다가 단두대의 이슬로 사라졌다. 혹시 안중근의 생각도 여기에 닿지 않았을까?

단재 신채호는 1928년 중국 망명지에서 항일 잡지 등을 발간하기 위해 국제 위체를 위조하다가 일제에 피체되어 안중근이 처형된 뤼순 감옥에서 옥사했다. 신채호는 "위체를 위조한 것이 나쁘지 않냐"는 일본 재판장의 질문에 "우리 동포가 나라를 찾기 위해 취하는 수단은 모두 정당한 것이니 사기가 아니며, 민족을 위해 도둑질을 할지라도 부끄럼

이나 거리낌이 없다"고 단호하게 답변했다. 안중근도 신채호처럼 생각했던 것이 아닐까?

　안중근은 국내에서 간도로 떠나기 전 이를 만류하는 빌렘 신부에게 "국가 앞에는 종교도 없다"라고 선언했다. '국권 회복'의 대의를 위해 '촛불'을 훔치는 행위는 종교 정신에 위배되지 않는다고 생각했던 것이다(신용하, 1985).

거사의 결단

이석산과 헤어진 안중근이 포세트 항에서 기선 우수리 호를 타고 9시간 만에 블라디보스토크에 도착한 것은 1909년 10월 19일이었다. 이 날은 안중근 개인사뿐 아니라 한국근대사에 기록될 만한 날이었다. 안중근은 우선 동포 이치권의 집에 기숙하면서 분위기를 살폈다. 블라디보스토크 한인사회에는 이토 히로부미의 만주 방문 소식이 화제가 되고 있었다. 열혈 청년들은 모이면, 지금이야말로 이토 히로부미를 처단할 절호의 기회라고 공공연하게 주장했다. "이토 히로부미는 내가 처단하겠다"라고 호기를 부리는 사람도 있었다(『한국독립운동사』, 1999).

안중근이 나타나자 그의 성격과 애국심을 익히 아는 사람들은 "이토 히로부미가 오기 때문에 이곳으로 왔느냐"고 물었다. 그만큼 한인사회에서 안중근의 의협심은 널리 알려져 있었다. 그러나 이 지역에도 일제의 밀정이 우글거리고 있음을 아는 안중근은 속마음을 숨겼다. 청년들에게 오히려 동양 최고의 미인이나 나폴레옹 부인과 같은 부자, 프랑스의 잔다르크 같은 여성을 중매해 달라고 연막을 쳤다(『한국독립운동사』, 1999).

10월 20일 낮에는 「대동공보」를 찾아가 친분이 있는 김만식을 만나 이토 히로부미의 방문 소식을 확인했다. 김만식도 "이번에 이토 히로부미가 온다고 하여 왔는가?"라고 의중을 떠보았다. 그러나 안중근은 "이토 히로부미 한 사람을 죽인다고 해서 문제가 해결될 것 같지는 않다"며 거듭 연막을 피우고, 영웅을 알아보는 여자를 찾는 신문광고를 내면 어떻겠느냐고 화제를 돌렸다. 이에 「대동공보」 직원들도 비싼 광고료를 받고 그 내용을 실어주자는 등 서로 농담을 주고받았다. 이는 어디까지나 자신의 거사 의도가 밀정들에게 새나가지 않도록 하려는 치밀한 계산이었다. 안중근은 이때의 행적과 심정을 『안응칠 역사』에 다음과 같이 기록했다.

"한결같이 정숙(定宿)인 이치권의 댁에 도착하였더니 동지(同地)에서 이토가 블라디보스토크에 온다는 평판이 높았고 동지간에 그를 살해할 방법 등에 대해 때때로 의의(擬議)하고 있었으므로 나는 대단히 좋은 소식을 듣고 심중 기뻐 견딜 수가 없었으나 타인에게 선수를 빼앗길까 우려하여 누구에게도 입 밖에 내지 않고 곧 갔다"

이 무렵 시베리아 일대 지방 한인사회의 분위기를 어느 정도 알 수 있다. 당시 국내의 의병들도 첫 번째 암살 대상으로 이토 히로부미를 꼽고 있었다. 그런 그가 통감직에서 물러나 일본으로 건너가버리자 의병들이 실망은 이만저만이 아니었다. 이 같은 분위기는 시베리아에서도 그대로 나타나고 있었던 것이다.

안중근 의거에 「대동공보」의 역할은 어느 정도였을까. 「대동공보」는 「해조신문」의 후신으로 최재형, 최봉준, 김병학 등의 지원으로 매주 2회 수요일과 일요일에 4면씩 1,000부 정도를 발행하는 시베리아 지역 한인 민회의 기관지 역할을 수행하고 있었다. 법적 대표는 러시아인 페트로비치 미하일로프였지만 실질적 사장은 함경북도 경흥 출신의 유진율이었다. 그는 러시아에 귀화했으면서도 한국인 민회에 빠지지 않았고, 국권회복운동을 주도했다. 한인 사회에서 그의 신망은 대단히 높았다(반병률, 시베리아연해주 한인사회와한인민족운동(1905~1911)).

▲ 이강, 대동공보 주필

「대동공보」에는 이강이라는 평안남도 평양 출신의 논설기자가 있었다. 그는 신민회가 발족하면서 블라디보스토크 지회의 간부로 선임되었고, 미국의 샌프란시

스코와 하와이에 거주하고 있는 한인들과 연계를 맺고 있었던 인물이었다. 그는 또한 안중근과도 가장 친밀한 사이였다고 한다. 당시 이강은「대동공보」의 주필을 맡고 있었다. 그는 해방 뒤『내가 본 안중근 의사』에서 그때「대동공보」를 찾아온 안중근에 대해 다음과 같이 썼다.

"지금으로부터 바로 55년 전 1907년에 내가 시베리아 블라디보스토크에서「대동공보」주필로 일을 보고 있을 때 한 청년이 찾아왔는데 그 고상한 인품과 빛나는 눈으로부터 나는 그에게 비범한 첫인상을 받았다. 그 청년이야말로 그때 큰 뜻을 품고 따뜻한 고국강산을 떠나서 시베리아, 눈보라치는 시베리아 땅으로 뛰쳐온 응칠이라고도 부르는 29세의 청년 안중근이었다. 그때 우리 두 청년은 서로 손을 맞잡고 내 방으로 들어가서 그 밤을 밝히지 않을 수 없었다.

1909년 10월에 블라디보스토크에서 지방에 출장 중인 선생을 내가 전보를 쳐서 긴급 귀환케 한 후 우리 민족의 불구대천의 침략의 원흉 이토 히로부미가 동양제패의 야망을 품고 중국대륙을 잠식하기 위하여 북만을 시찰하는 한편 하얼빈에서 노국 대장대신과 회담한다는 정보를 제공하고 이토 히로부미를 말살하기 위한 모의가 극비리에 진척되어 블라디보스토크의「대동공보」사장 유진율 씨와 한인거류민단 단장 양성춘 씨가 독일제 권총을 일 정씩 제공하고 우덕순을 동행케 하여 10월 21일 블라디보스토크 역에서 내가

두 분 동지와 최후로 작별할 때 안중근 선생은 나의 손을 굳게 잡으
시고 '이번 길에 꼭 총소리를 내리다. 뒷일은 동지가 맡아주오.'하
고 떠나던 그 모습이 아직도 눈에 암암할 뿐이다."

여기서는 이강이 전보를 쳐서 안중근을 블리디보스토크로 불러온
것으로 되어 있지만, 이것을 확인하기는 어렵다. 안중근은 「대동공
보」 기자 정재관과도 만났다. 정재관은 일찍이 안창호와 함께 미국으
로 건너가 「공립신보」를 발행하는 등 국권회복운동을 벌이다가 시베
리아로 왔다. 안중근이 그에게 이토 히로부미의 방문 사실을 묻자 정
재관은 이를 확인하면서 "이곳에서도 청년배가 모여서 이토 히로부미
가 온다니 칼을 갈아서 가지 않으면 안 된다고들 말하고 있었으므로
내가, 그런 일이 노국에 알려지면 그야말로 큰일이다. 바보 같은 소리
말라고 제기하였다"고 말했다. 안중근은 정재관의 이 같은 발언에 크
게 실망하면서도 속마음을 드러내지 않았다. 이를 미루어볼 때 「대동
공보」가 안중근 의거에 적극 개입했다는 기록과는 차이가 있다고 볼
수 있다.

동지를 만나다

이토 히로부미가 만주에 온다는 사실을 거듭 확인한 안중근은 함께 거사할 동지를 규합하고 나섰다. 혼자서 거사에 나섰다가 실패하면 세인의 조롱거리가 되고 동지들에게 면목이 없을 것이 두려웠던 것이다. 무엇보다 국적(國賊)이 제 발로 여기까지 오는데 포살하지 못한다면, 지금까지 국권회복 투쟁에서 희생된 영령들께 도리가 아니었다. 그뿐 아니라, 이토 히로부미가 시베리아까지 일본의 손아귀에 넣게 되면 조선의 독립은 더욱 가망이 없어지는 것이었다.

안중근이 가장 먼저 떠올린 사람은 우덕순이었다. 우덕순은 충북 제천 출신으로 을사늑약 뒤 블라디보스토크로 건너와 1908년 7월, 안중근과 함께 의병전쟁에 참전한 동지이고 단지동맹원으로서 공립협회 블라디보스토크지회의 같은 회원이기도 했다. 당시에는 「대동공보」

의 회계 책임을 맡으면서 담배 가게로 생계를 꾸리고 있었다. 안중근은 솔직하게 이토 히로부미를 처단할 뜻을 전하고, 함께 거사할 의향을 물었다. 우덕순은 안중근의 말을 듣고 두말없이 동의했다. 그리고 자신도 마음속으로 이토 히로부미에게 분개하고 있음을 밝혔다. 우덕순은 훗날 일제 경찰의 신문에서 자신이 참여하게 된 과정을 다음과 같이 당당하게 진술했다.

> "나는 5조양의 이야기를 「황성신문」에서 보았고, 또 「대한매일신보」 등에서 '이토 히로부미가 우리의 국권을 강탈하고 황실을 속이고 국민을 통틀어 승려로 만들어 민권까지 빼앗으려 한다. 또 이토 히로부미는 일본 천황과 정부를 기만하고 한국에 대해 압박을 가하는 자다. 이토 히로부미를 죽이지 않으면 동양삼국의 평화 유지는 도저히 희망이 없다. 이토 히로부미의 탐학한 대한정책은 천하를 속이고, 지성에서 나온 것이 아니다'란 기사를 읽고 늘 분개하고 있었으므로 이번 안의 유인에 응하여 살의를 결심한 것이다(『한국독립운동사』, 1999)."

우덕순은 뒷날 회고담에서 "안중근은 그때 거기(연추)가 있다가 전보를 받고 8일 저녁에 돌아왔습니다. 그 신문을 내주니 이토 히로부미의 기사를 읽고서는 일어서서 춤을 덩실덩실 추었습니다. '어떻게 하겠는가?' 하고 내가 물은즉 '가야지', '어디로?', '하얼빈으로 가야지.' 이렇게 아주 간단하게 즉결되고 말았습니다"라며 안중근과 함께하게 된 과정을 증언했다(『한국독립운동사』, 1999).

　동북평원 중앙 헤룡강 최대의 지류인 송화강 연변에 자리잡은 하얼빈은 만주족의 말로 '그물 말리는 곳'이란 뜻이라 한다. 19세기 무렵까지는 한촌에 지나지 않았으나 제정 러시아 동청철도의 철도 기지가 된 이래 상업, 교통 도시로 크게 발전했다. 하얼빈은 19세기 말 제정 러시아에 의해 건설되었고, 볼셰비키 혁명 이후로는 반 볼셰비키적 백계 러시아인의 최대 근거지이기도 해서 중국 한족, 만주족, 몽골족, 일본인, 조선인, 러시아인까지 모여 사는 특이한 지역이 되었다.

　이토 히로부미가 하얼빈에 온다는 사실을 확인하고 거사에 뜻을 모은 안중근과 우덕순은 22일 밤 9시경 하얼빈에 도착했다. 그런데 한 사람이 더 있었다. 두 사람은 도중에 쁘그라니치에서 하차해 유동하를 러시아어 통역으로 대동키로 해 일행은 세 사람이 되었다. 유동하는 안중근과 평소 친분이 있는 한의사 유경집의 아들로 18세였다. 안

▼ 안 의사와 우덕순, 유동하의 의거 직전 기념사진

중근은 이들 부자에게 고국에서 오는 자신의 가족을 만나러 가는 것처럼 위장했다. 그래서 세 사람은 일이 탄로나지 않도록 철저하게 대비하느라 하얼빈까지 오는 기차 안에서도 따로 앉았다(신용하, 1985).

하얼빈에 도착한 세 사람은 「대동공보」 주필인 이강이 써준 소개장을 갖고 「대동공보」 하얼빈 주재 기자 김형재를 찾아갔다. 그리고 김형재의 소개로 세탁업을 하는 조도선을 만났다. 유동하가 집안 사정으로 중간에 귀향하게 되어 새로운 러시아어 통역으로 쓰기 위해서였다. 하얼빈에서 일행은 안중근과 친분이 있는 김성백의 집에 여장을 풀고 거사를 준비했다. 이곳에서 발행되는 「원동보(遠東報)」에는 10월 20일 밤 11시에 이토 히로부미가 장춘에서 하얼빈으로 온다는 기사가 실렸다. 그러나 그 기사는 오보였다. 며칠간 시간을 번 안중근과 우덕순은 이날 이발을 했다. 정신을 새롭게 하고자 함이었다. 그동안 멀고 험한 길을 여행하느라 머리칼이 자랄 대로 자라 있었던 것이다. 그리고 유동하와 셋이서 생애의 마지막이 될지도 모르는 사진을 찍었다. 안중근은 10월 24일 유동하의 뜻에 따라 이강에게 편지를 썼다. 그동안의 경과를 알리기 위해서였다. 거사 이틀 전이었다(『한국독립운동사』, 1999).

"10월 22일 오후 당지에서 내착하여 「원동보」를 본즉, 이토 히로부미는 내월 12일에 관성자를 출발하여 러시아 철도국 총독 특별열차로 하얼빈에 도착한다 하였으므로 우리들은 조도선과 함께 가족을 출영하는 것처럼 꾸며 관성자 역으로 향할 것이다. 동 역과 상 거하기 전 몇 개 역쯤 되는 어느 역에서 이토 히로부미를 기다렸다 가 거사할 계획인데 일의 성공은 하늘에 있는지라. 요행히 동포의 선도를 기다려 도움을 받을 것을 바라나이다. 김성백 씨에게서 돈 50원을 빌려서 여비에 사용하였으니 갚아줄 것을 희망함. 대한 독 립 만세!"

위의 내용 중 김성백에게서 돈 50원을 빌려 여비에 사용했으니 갚아 달라는 내용은 소크라테스를 연상케 한다. 소크라테스가 사형선고를 받고 독배를 마시기 전에 제자들에게 '외상 닭 한 마리' 값을 갚아달라 고 유언했다는 부분이 철학사의 한 대목에서 나오기 때문이다(『안응칠 역사』, 1979).

안중근은 거사에 필요한 여비가 부족할 것 같아 우덕순에게 김성백 으로부터 50원을 빌려오도록 했지만, 실제로는 빌리지 못했다. 이 편 지는 돈을 빌려올 것으로 예상하고 미리 쓴 것이다. 차용 사실 여부와 는 상관없이 50원을 갚아달라는 것에서 안중근의 마음 씀씀이를 엿볼 수 있다.

의기를 높이다

두 사람이 여러 가지 준비를 하느라 집밖으로 나간 저녁에 안중근은 만감이 교차하여 시 한 수를 지었다. 세칭 〈장부가〉다. "그때 나는 홀로 방안의 희미한 등불 아래, 차디찬 침상 위에 앉아 장차 할 일을 생각했다. 그리고 비분강개한 마음을 이길 길 없어 시 한 수를 지었다.(안응칠 역사)"

〈장부가〉

丈夫處世兮(장부처세혜) 其志大矣(기지대의)

장부가 세상에 처함이여 그 뜻이 크도다

時造英雄兮(시조영웅혜) 英雄造時(영웅조시)

때가 영웅을 지음이여 영웅이 때를 지으리로다

雄視天下兮(웅시천하혜) 何日成業(하일성업)

천하를 크게 바라봄이여 어느 날에 업을 이룰고

東風漸寒兮(동풍점한혜) 壯士義熱(장사의열)

동풍이 점점 차가워짐이여 장사의 의기가 뜨겁도다

忿慨一去兮(분개일거혜) 必成目的(필성목적)

분개함이 한번 뻗치니 반드시 목적을 이루리로다

鼠窺鼠窺兮(서규서규혜) 豈肯比命(기긍비명)

쥐도적 이토여 어찌 목숨을 부지할꼬

豈度至此兮(기도지차혜) 事勢固然(사세고연)

어찌 이에 이를 줄 헤아렸으리오 사세가 본디 그러하도다

同胞同胞兮(동포동포혜) 速成大業(속성대업)

동포 동포여 속히 대업을 이루리로다

萬歲萬歲兮(만세만세혜) 大韓獨立(대한독립)

만세 만세여 대한 독립이로다

萬歲萬萬歲(만세만만세) 大韓同胞(대한동포)

만세 만만세여 대한 동포로다

이날 우덕순도 그에 대한 답가로 〈보구가〉를 지었다.

〈보구가〉

만났도다 만났도다 원수 너를 만났도다

너를 한번 만나고자 일평생에 원했지만

하상견지만야(何相見之晩也)런고

너를 한번 만나려고 수륙으로 기만리(幾萬里)를

혹은 윤선(輪船) 혹은 화차(火車) 천신만고 거듭하야

노청양지(露淸兩地) 지날 때에 앉을 때나 섰을 때나

앙천(仰天)하고 기도하길 살피소서 살피소서 주 예수여 살피소서

동반도의 대제국을 내 원대로 구하소서

오호 간악한 노적(老敵)아 우리 민족 이천만을

멸망까지 시켜놓고 금수강산 삼천리를

소리 없이 뺏노라고 궁흉극악(窮凶極惡) 네 수단으로

대한민족 이천만이 다 같이 애련하여

너 노적을 이 정거장에서 만나기를 천만번 기도하며

주야를 잊고 만나고자 하였더니 마침내 이토를 만났고나

금일 네 명(命)이 나의 손에 달렸으니

지금 네 명 끊어지니 너도 원통하리로다

갑오독립 시켜놓고 을사체약(乙巳締約)한 연후에

오늘 네가 북향(北向)할 줄 나도 역시 몰랐도다

덕 닦으면 덕이 오고 죄 범하면 죄가 온다

너뿐인 줄 아지 마라 너의 동포 오천만을

오늘부터 시작하여 하나 둘씩 보는 대로

내 손으로 죽이리라 오호라 우리 동포여

한마음으로 전결(專結)한 후 우리 국권 회복하고

부국강병 꾀하며는 세계에 어느 누가 압박할까

우리의 자유가 하등(下等)의 냉우(冷遇)를 받으니

속히 속히 합심하고 용감한 힘을 가져

국민 의무 다하세.

거사의 날이 다가오고 있었다. 안중근과 동지들은 결의를 새로이 하면서 때를 기다렸다. 안중근은 의거의 완벽한 성공을 위해서 이토 히로부미가 탄 열차가 지나는 길목을 지키고 있다가 처단하려는 생각이었다. 동청철도의 출발 지점인 남장춘과 관성자 그리고 이토 히로부미의 도착지인 하얼빈과 채가구에서 결행하는 방법을 강구했다.

안중근은 이토 히로부미가 10월 25일 아침에 하얼빈에 도착한다는 소식을 듣고 채가구에 우덕순과 조도선을 배치하고 하얼빈으로 돌아왔다. 하지만 채가구의 계획은 처음부터 악재가 따랐다. 우덕순과 조도선이 투숙한 역 구내의 여인숙을 러시아 병사들이 밖에서 잠궈버려 두 사람은 한동안 옴짝달싹할 수가 없었던 것이다.

일본을 떠난 이토 히로부미는 10월 18일 다롄 부두에 상륙해 러시아 측에서 보낸 귀빈열차를 타고 10월 21일 뤼순의 일본군 전적지를 시찰한 다음 봉천으로 가서 일본이 조차한 무순의 탄광 지역을 돌아보고 10월 25일 밤 장춘에 도착했다. 이토 히로부미는 이날 밤 청국이 주최한 환영회에 참석한 뒤 이 열차 편으로 하얼빈 역에 도착하기로 예정

되었다. 안중근은 이런 사실을 「원동보」의 기사를 통해 접하고 만반
의 준비를 할 수 있었다.

10월 26일의 거사

마침내 역사적인 1909년 10월 26일의 새날이 밝았다. 김성백의 집에서 마지막 밤을 보낸 안중근은 새벽 6시 30분경에 일어났다. 새 옷을 낡은 양복으로 갈아입고 권총을 휴대하고 7시경 하얼빈 역에 도착했다. 지난밤에는 권총을 꺼내 깨끗이 닦고 소원의 성취를 기원했을 것이다. 안중근은 일본인처럼 환영식장으로 당당하게 들어갔다. 많은 일본인과 러시아인들이 입장해 별다른 제재나 검색 같은 것은 없었다. 일제는, 사건예방을 위해 동양인들에 대한 러시아 당국의 검문 요구를 일본인의 출입 자유가 보장되어야 한다며 거절하였다. 이런 연유로 안중근도 아무런 제재 없이 역내로 쉽게 들어갈 수 있었다. 천우신조, 그야말로 하늘의 도움이었다(『안응칠 역사』, 1979).

"정거장에 이르러 살펴보니 러시아 고관들과 군인들이 많이 나와 이토 히로부미를 영접할 준비를 하고 있었다. 나는 찻집에 앉아 차를 두세 잔 마시며 기다렸다. 아홉 시쯤 되어 드디어 이토 히로부미가 탄 기차가 도착했다. 사람들은 인산인해를 이루었다. 나는 찻집에 앉아 상황을 살펴보며 언제 저격하는 것이 좋을지를 곰곰이 생각해보았으나 결정을 내릴 수가 없었다.

▲ 안 의사에게 저격당한 이토 히로부미

이때 이토 히로부미가 기차에서 내렸다. 군대가 경례를 붙이고 군악대 연주가 하늘을 울리며 귀에 들어왔다. 그 순간 분한 기운이 터지고, 삼천 길 업화가 뇌리를 때렸다. '어째서 세상일이 이렇게 공평하지 못한가? 슬프도다. 이웃나라를 강제로 빼앗고 사람의 목숨을 참혹하게 해치는 자는 저렇게 날뛰고 도무지 거리낌이 없는데, 왜 죄없고 어질고 약한 민족은 오히려 이처럼 곤경에 빠져야 하는가?'"

국적(國賊) 이토 히로부미 일행이 탄 기차는 9시 15분에 하얼빈 역에 도착했다. 역전에는 러시아 경위병, 각국 영사단, 일본인, 구경 나온 러시아인 등 수천 명이 인산인해를 이루었다. 때를 맞춰 군악대의 환영곡이 울려 퍼지고 일장기를 높이 든 일본인들의 만세 소리가 요란하게 울렸다. 이토 히로부미는 러시아 재정대신 코코프체프의 안내로 동청철도 총재 등 귀빈들의 영접을 받으며 러시아군 수비대의 열병과 사열을 받고자 의장대의 정면을 우측에서 좌측으로 천천히 걸어오고 있었다(『한국독립운동사』, 1999).

안중근은 주머니에 손을 넣었다. 권총을 틀어잡은 손바닥에 땀이 배었다. 그러나 그의 예리한 눈길은 순초도 왜놈들에게서 떠나지 않았다. 여전히 그 늙다리가 키 큰 재정대신과 나란히 맨 앞에서 사열하고 있다. 군악대의 환영곡 소리가 귀 따갑게 울렸다(『안응칠 역사』, 1979).

"저 늙은 놈이 틀림 없다. 아, 민족의 원수놈을 이제야 만났구나! 네 놈만 쏴버리면……"

안중근의 눈앞으로 연한 안개가 피어올랐다. 그 속에서 손을 높이 흔들며 달려 오는 딸 현생, 아들 분도의 모습이 저 멀리에 나타났다. 그 뒤로 웃음을 머금은 아려가 보였다.

"아, 내 이제야 저 혈육들의 품으로……"

순간 그들의 허상이 가뭇없이 사라졌다.

바람이 휘몰아쳤다. 천봉산의 굽은 노송이 비바람을 맞아 무섭게 설레고 있었다.

"왜 바람이 부는가, 제발 불지 말아다오. 제발……"

그는 속이 편안치 않아 이맛살을 찌푸리고 앞을 내다보았다.

안개 걷힌 그의 눈앞에 여전히 사열하고 있는 이토 히로부미와 러시아 재정대신의 덥수룩한 모습이 들어왔다. 이토 히로부미가 제법 근엄한 표정을 지은 채 코코프체프와 무엇인가 간간이 이야기하면서 의장대 앞을 긴 외투를 입고 지나간다. 가증스럽기 그지없는 몰골이 눈앞으로 확 안겨왔다. 안중근은 주머니 속이 권총을 으스러지게 틀어잡았다.

"지금 쏠까?'

그는 잠시 망설였다. 숲처럼 빼곡히 정렬한 의장대 사이로 총을 쏘기에는 불리할 것 같았다. 주머니 속에 틀어잡았던 권총을 놓고 손을 다시 뽑았다. 그리고 안중근은 망설이지 않았다. 곧바로 뚜벅뚜벅 걸어서 용기 있게 앞으로 나가 군대의 대열 바로 뒤에 이르러 앞을 바라보았다. 마침내 운명의 순간, 하늘이 마련해 준 순간이 다가왔다. 러시아 관리들이 호위를 받으며 맨 앞으로 누런 얼굴에 희고 긴 수염의 조그만 늙은이가 염치도 없이 감히 하늘과 땅 사이를 누비며 걸어나오고 있었다.

'저것이 틀림없이 늙은 도둑 이토 히로부미일 것이다'라고 생각한 안중근은 곧바로 권총을 뽑아 들고 그의 오른쪽 가슴을 향해 통렬하게 세 발을 쏘았다.

그러나 쏘고 나서 생각해 보니 의아심이 크게 일어났다. 이토 히로부미의 얼굴을 몰랐기 때문이었다. 만일 다른 사람을 쏘았다면 거사가 실패로 돌아가고 마는 것이었다. 안중근은 뒤쪽을 향해 다시 총을 겨누었다. 걸어오는 일본인들 중에서 가장 위엄이 있어 보이는 앞장선 자를 향해 세 발을 쏘았다. 그리고 만일 죄 없는 자를 쏘았다면 잘못된 일이라고 생각하며 잠시 머뭇거리는 사이, 우르르 달려온 러시아 헌병에게 붙잡히고 말았다."

안중근은 이토 히로부미의 오른쪽 가슴을 향해 통렬하게 세 발을 쏘았다. 이때 쏜 총탄은 세 발이었다. 안중근은 재판장의 심문에서 다음과 같이 밝혔다.

> "내가 러시아 병대의 대열 중간쯤의 지점으로 갔을 때, 이토 히로부미는 그 앞에 열을 지어 있던 영사단 앞에서 되돌아왔다. 그래서 나는 병대의 열 사이에서 안으로 들어가 손을 내밀고 맨 앞에서 행진하고 있는 이토라고 생각되는 사람을 향해 십보 남짓의 거리에서 그의 오른쪽 상박부를 노리고 세 발 정도를 발사했다. 그런데 그 뒤쪽에도 또 사복을 입은 사람이 있었기 때문에, 그가 혹시 이토 히로부미가 아닌가 생각하고 그 쪽을 향해 세 발을 발사했다. 그리고 나는 러시아 헌병에게 잡혔다."

안중근이 먼저 쏜 총탄은 세 발이었다. 한국 침략의 원흉, 동양 평화의 교란자 이토 히로부미는 이렇게 안중근의 의탄을 맞고 현장에서 쓰러졌다. 세 발의 총탄은 어김없이 이토 히로부미의 복중에 명중했다. 안중근이 갖고 있던 권총은 7연발짜리 브라우닝 m-1900이었다. 이토 히로부미에게 세 발을 쏘아 명중시킨 안중근은 이어서 일본인 하얼빈 총영사 가와카미 도시히코, 궁내대신 모리 야스지로, 만주철도 이사

다나카 세이지 등 세 사람을 연달아 쏘아 이들을 모두 쓰러뜨렸다. 박은식은 이에 대해 다음과 같이 언급하고 있다.

> "권총 여섯 발을 연달아 쏘았는데, 헛방 없이 모두 명중시켰으니 세상에 드문 일이었다. 이는 중근의 담력과 사격술이 천하에 둘도 없이 뛰어난 것이라는 것을 보여준 것이다."

안중근의 사격술은 과연 뛰어났다. 안중근의 신기에 가까운 사격술은 순식간에 이토 히로부미를 포살하고, 한 발은 수행하던 하야시의 팔과 어깨를, 또 한 발은 가와카미의 팔에, 나머지 한 발은 다나카의 다리를 맞췄다. 과연 절륜의 사격 솜씨였다.

적도들이 쓰러지는 것을 지켜본 안중근은 "하늘을 향해 큰 소리로 '코레아, 우라(대한민국 만세)!'를 세 번 불렀다"고 『안응칠 역사』에 기록했다. 안중근은 국적 이토 히로부미와 그 수하들을 포살하는 일이 '하늘의 뜻'이라 믿었다. 안중근은 자신의 의거를 하늘에 고하는 심경으로 하늘을 향해 당당하게 큰 소리로 '코레아, 우라(대한민국 만세)!'를 세 번 외쳤던 것이다.

안중근은 의거 뒤 러시아 병사들에게 끌려가 국경지방 재판소에 구치되었을 때 벽에 걸린 그리스도 상에 절하고 성호를 그은 뒤 "조국에 대한 의무를 다하기 위해 우리를 도와주시는 하느님께 감사드립니다"라고 한국말로 기도했다고 한다. 하지만 안중근은 재판 과정에서, 그

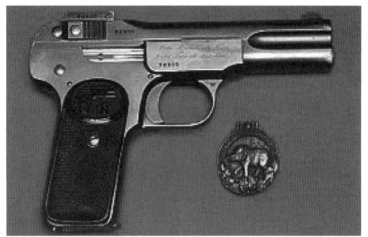
▲ 이토 히로부미를 저격한 브라우닝 권총

때까지는 이토 히로부미의 죽음을 알지 못한 상태여서 하느님께 감사의 기도를 드릴 계제가 아니었다고 진술했다.

안중근의 총격으로 환영식장은 그야말로 순식간에 혼란의 도가니로 변하고 말았다. 그도 그럴 것이 동양 3국은 물론 러시아에서까지 최고의 실력자로 알려진 일본 정계의 거물이 불시에 피살되었으니 보통 사건이 아니었을 것이다(『한국독립운동사』, 1999).

천벌을 받은 이토 히로부미는 목숨이 경각에 달려 열차 내 객실로 옮겨지고, 안중근은 러시아 병사들에게 포위되어 권총을 빼앗긴 채 끌려갔다. 이때 안중근을 끌고간 러시아 장교는 니콜라이 니키포로프 기병 1등 대위와 노그라조프 기병 1등 대위, 바데츠키 보병 중위 등이었다. 박은식은 이 부분에 대해 이렇게 기록하고 있다.

"수천 명의 군대는 모두 흩어져 도망치거나 했지 감히 접근하는 자가 없었으며, 헌병과 장교들은 칼을 차고 멍하니 서로 바라보고만 있었다. 한참 지난 뒤 탄알이 떨어지게 되니 총소리가 멎었다. 군인들은 그제야 몰려들어 안중근의 권총을 빼앗아 헌병에게 넘겨주었다. 안중근은 곧 러시아어로 '코레아, 우라(대한민국 만세)!'를 세 번 외치고 포박당했다. 안중근은 손뼉을 치고 큰 소리로 웃으며 '내가 도망칠 줄 아느냐? 내가 도망칠 생각을 했다면 죽음터에 들어서지도 않았을 것이다'라고 말했다. 그리하여 그는 하얼빈 시의 러시아 재판소에 붙들려 들어가게 되었다."

안중근은 처음부터 적도들을 포살하고 당당하게 이토 히로부미의 죄상과 일제의 침략 죄악을 밝힘으로써 한국의 자주독립의 당위성을 주장할 생각이었기 때문에 피신 같은 것은 생각지도 않았다. 옥중 투쟁을 통해 만국공법의 원칙을 밝히고 국제 열강의 지지를 받아서 조국의 자주독립을 쟁취하고자 현장에서 순순히 체포되었다.

열차 특실로 옮겨진 이토 히로부미는 피격 30분 만인 오전 10시경에 숨졌다. 당년 69세였다. 수행 중이던 의사와 거류민단의 일본인 의사가 응급치료를 했지만 워낙 상처가 깊어서 회생이 불가능했다. 이토 히로부미는 숨지기 전 몇 마디를 남긴 것으로 알려지고 있지만, 여러 가지 자료와 정황으로 볼 때 현장에서 절명한 것 같다는 주장도 있다 (박은식, 1979).

▲ 의거 직후의 안중근 의사

미요시 도오루의 『사전 이토 히로부미』를 비롯해 일본인이 쓴 각종 저서에는 피격된 이토 히로부미가 위스키를 찾아 마셨다거나, 자신을 저격한 사람이 한국인임을 알고 "바보 같은 놈"이라고 했다거나 수행원들의 안부를 묻는 등 위인의 면모를 보인 것처럼 기술하고 있다. 그러나 이것은 조작된 것으로 사실과 다른 것 같다. 이토 히로부미는 세 발의 총탄에 관통상을 입고 얼마 뒤 곧바로 절명했다. 그만큼 치명적이었던 것이다. 따라서 어떤 말이나 유언도 남길 수 없었을 것이다(『한국독립운동사』, 1999).

한편 채가구 역에 남아서 거사를 대기하고 있던 우덕순은 갑자기 시내 경비가 삼엄해진 것을 보고 거사가 불가능하다고 판단했다. 그는 26일 안중근 의거 직후인 12시경에 러시아 헌병들에게 피체되어 구금되었다. 우덕순은 안중근에게 자기가 하얼빈 역을 맡아 이토 히로부미를 처단하겠다고 나섰다가 안중근에게 양보했다. 그리고 하얼빈 역에서 거사가 실패했을 경우, 채가구 역에서 2차로 거사하기로 임무를 맡았다가 총 한 방 쏘아보지 못한 채 피체되었다. 어찌 보면 '불운한 지사'지만, 안중근이 가장 믿었던 애국심이 강하고 심기가 곧은 의혈 인물이었다(『한국독립운동사』, 1999).

- 8장 -

하얼빈에 울린 구국의 총성 소리

國家安危
勞心焦思

영웅, 심문을 받다

안중근은 성공적으로 의거를 마친 뒤 러시아 군인들에게 붙잡혀 현장에서 권총을 압수당하고 동청철도 하얼빈 철도경찰서 사무실에 구치되었다. 호주머니에는 1루블과 해군용 나이프 하나가 들어 있었다. 안중근은 첫 인정심문에서 다음과 같이 진술했다(『한국독립운동사』, 1999).

성명 : 안중근

국적 : 한인

연령 : 30세

종교 : 가톨릭

안중근을 심문한 사람은 러시아 검사 밀레르였다. 당시 하얼빈은 청국령이었지만 러시아 관할지역이었다. 이토 히로부미를 초청한 것도 러시아 당국이었고, 환영 준비와 경비 책임도 러시아 측이 맡았기 때문에 안중근의 심문도 처음에는 러시아 검사가 진행했다. 밀레르 검사는 안중근에게 언제 어디에서 하얼빈에 왔는지, 전날 밤은 어디에서 보냈으며 높은 담장으로 둘러싸인 역에는 어떻게 들어왔는지 등을 상세히 물었다.

한편 러시아 당국은 안중근 외에 동조자가 더 있을 것으로 보고 하얼빈 역 주변에 있는 수상한 한인을 수색하도록 긴급 지시해 우덕순과 조도선을 체포했다. 두 사람은 권총을 소지하고 있어서 혐의를 받았

▼ 우덕순 지사

▼ 조도선 지사

는데, 처음에는 이번 사건과 아무 연관이 없다며 완강히 부인했다. 그러다가 안중근의 의거가 성공해 이토 히로부미가 사망했다는 소식을 듣고는 순순히 사실을 시인했다(신용하, 1985).

러시아 당국은 이를 계기로 그동안 이들이 주고받은 전보의 발신자와 수신자의 주소를 추적해 하얼빈에 거주하는 김성백 등 수십 명의 한인을 수색했다. 그리고 권총과 항일 결사와 관련한 각종 문서를 압수하고 한인 6명을 더 구속했다. 안중근에 대한 러시아 당국의 심문은 당일 오후 9시 30분부터 2시간 동안 계속되었다. 밀레르 검사의 지휘 아래 하얼빈 제8지방 국제판사 스뜨로조프가 심문을 담당했고, 다른 두 명의 러시아 검사가 수사를 진행했다. 이날 하얼빈은 기온이 영하 10도에 이르는 매우 추운 날씨였다. 그러나 안중근은 추위에도 아랑곳하지 않고 태연히 심문에 응했다(신용하, 1985).

심문장에는 하얼빈 주재 일본 총영사관 서기 스기노도 초청되었다. 한국인 안중근이 범인이라는 것이 밝혀질 경우를 대비해 재판관할권 문제를 협의하기 위해서였다. 수사에는 하얼빈 동청철도 당국 책임자, 경비 책임자는 물론 코코프초프 재무장관 그리고 채가구 역에서 신분증 불심검문을 했던 헌병 하사 쎄민이 포함되어 있었다.

조사관들은 하얼빈 역 3등 대합실에서 밤을 새웠다는 말부터 확인하기 시작했다. 그들은 증인 중 한 명인 코코프초프에게 25일 밤에 숙소로 사용하고 있는 특별열차에서 나와 역 주변을 산책하면서 유심히 본 역사 내의 밤 상황이 어떠했는지에 대해 물었다. 이에 코코프초프는 전날 밤 하얼빈의 기온이 영하 10도였으며 역 대합실에서 아무도 발견하지 못했다고 증언했다. 이 말을 듣고 안중근은 침착한 목소리로 통역관을 통해 코코프초프의 말을 부정하고 싶지 않다면서 이렇게 말했다(신용하, 1985).

"본인은 증인을 모르나 그중 단 한 가지 진실은, 본인은 역에서 밤을 새지 않았으며 하얼빈에도 어제 온 것이 아니다. 언제 어디에서 왔으며 또 어떤 곳에서 밤을 새웠는지는 말할 수 없다. 누구와도 협의한 바 없으며 단독으로 거사했으니 본인 혼자 모든 책임을 지겠다."

코코프초프는 후에 회고록에서 비록 죄인이지만 안중근에게서 매우 좋은 인상을 받았다고 다음과 같이 회고했다.

"안중근은 젊고 미남형이며 체격이 날씬하고 훤칠한 키에 얼굴빛도 희어 전혀 일본인과 닮지 않았다. 만약 일본 영사관에서 역내 출입 일본인을 조사했었다면 바로 구별해낼 수 있었을 것이다."

그리고 채가구 역에서 10월 24일 안중근이 우덕순, 조도선과 함께 있을 때 불심검문을 했던 헌병 하사 쎄민의 증언이 있었다. 그는 하얼빈에 26일 저녁 늦게야 도착했다. 쎄민은 10월 24일 증명서를 제시하라고 요구했을 때 안중근이 러시아에서 발행한 '한인'이라고 쓰인 임시 거주증명서를 자신에게 보여주었다고 말했다.

안중근의 이토 히로부미 포살은 일본과 러시아 사이에 심각한 외교 문제를 야기할 수 있는 사건이었다. 러시아 관할지역에서 일본의 최고위급 인사가 피살되었기 때문이다. 더욱이 경호 책임을 진 초청 당사국 러시아는 책임 문제에서 결코 자유로울 수 없었다. 그런데 문제가 있었다. 하얼빈 주재 일본 총영사인 가와카미가 전날 동청철도 경비대장 하르라트에게 일본인의 검색을 자제해달라고 요청한 것이었다. 그래서 러시아 군인들이 검색 과정에서 한인과 일본인을 구별하지 못했던 것이다. 따라서 책임은 일본 측에도 있었다.

어느 정도의 심문과 관련 당사자들의 증언이 끝나자 러시아 측은 이날 밤 늦게 안중근과 우덕순 등 한국인 8명과 조서 서류 일체를 하얼빈 주재 일본 총영사관으로 넘겼다. 재판관할권이 일본에 있다는 것이었다. 러시아는 아직 일본과 범죄자 인도협정을 맺지 않았음에도 불구하고 사건을 서둘러 일본에 넘겨버렸다. 러시아가 일본과 범죄자 인도협정을 체결하지 않았음에도 불구하고 그처럼 성급하게 안중근을 일본에 인도한 것은 국제법상 재판권은 범죄 발생지에 있다는 원칙에 배치되는 큰 양보였다.

러시아는 사건의 성격이 광복을 위한 대한제국과 일본과의 정치관계이므로 앞서 러일비밀조약에 규정된 것처럼 대한제국 문제에서 일본의 권한을 존중하려 했다. 아울러 경호 책임에 대한 도덕적인 책임

▼ 안 의사가 갇혀 있던 하얼빈 주재 총영사관

▼ 안 의사가 감금되었던 총영사관 지하실

도 줄이고, 러일 간에 이 사건을 더 이상 복잡하게 만들지 않으려는 정치적인 고려를 한 행정적인 해결책이었던 것으로 사료된다. 사실 러시아는 러일전쟁에서 패배한 뒤 일본에게 비굴한 모습을 보이고 있었다. 그러던 중에 이토 히로부미를 친러파 일본 정치지도자로 여겨 초청했다가 자국 관할지역에서 변을 당하자 크게 당황했던 것이다.

러시아는 일본과 포츠머스 조약 체결 뒤 일본의 동향을 예의 주시하고 있었다. 흑룡강 연안 총독인 운떼르베르게르는 1909년 상반기에 니콜라이 2세에게 블라디보스토크 지역의 방위가 일본의 새로운 침략 음모에 무방비 상태로 방치되어 있다는 사실을 보고했다. 이에 따라 니콜라이 황제는 재무장관 코코프초프에게 청국 주제 러시아 공사 까라스토베츠를 비롯한 만주 북부 지방의 러시아 영사를 하얼빈으로 소집해 만주 북부와 몽골 문제 등을 협의하도록 지시했다.

재무장관 코코프초프의 극동 출장 소식은 즉각 일본 도쿄에 전해졌다. 일본은 코코프초프에게 극동 출장길에 일본을 방문해 줄 것을 요청했지만, 재무장관은 의회의 개회 시기와 맞물린다는 이유로 이를 거절했다. 이즈음 이토 히로부미가 극동을 방문하면서 '극동의 주요 국제 문제'를 해결하고자 코코프초프와 이토 히로부미의 회동이 이루어지게 된 것이었다.

일제의 치밀한 재판 준비

안중근과 연루자 일행의 신병과 서류, 증거품 일체를 러시아로부터 인계받은 일제는 삼엄한 경비 속에서 이들에 대한 조사에 착수했다. 어느 정도 신문을 마친 하얼빈 영사관은 사건 이틀 뒤인 10월 28일 하얼빈 주재 총영사 가와카미 도시히코의 명의로 관동도독부 지방법원 검사 미조부치 다카오에게 신병과 사건 일체를 송치했다.

미조부치 검사에게 보낸 〈안중근 외 15명의 송치서〉에는 "안중근 외 15명. 이 사람들은 이토 히로부미 공작 살해 피고인 및 혐의자로 이달 26일 재 하얼빈 러시아 시심 재판소 검사로부터 이 사건에 관한 서류 일체와 함께 아래의 증거물이 본 영사관으로 송치됐으며, 메이지 42년 법률 제52호 제3조에 의거하여 이 피고사건은 외부대신의 명령에 의해 다시 귀청의 관할로 넘겨지므로 피고인의 신병과 함께 서류 및 증거물 전부를 송치한다"는 내용이 적시돼 있다.

하얼빈 일본 영사관에 구금된 안중근은 그곳 일본 관리로부터 두 차례에 걸쳐 조사를 받고, 4~5일 뒤에는 미조부치 검사에게 직접 심문을 받았다. 그리고 미조부치가 왜 이토 히로부미를 헤쳤느냐고 묻자 안중근은 거침없이 15가지 죄목을 밝혔다.

〈안중근이 지적한 이토 히로부미의 15가지 죄〉

1. 대한제국 명성황후를 시해한 죄

2. 대한제국 고종황제를 폐위시킨 죄

3. 5조약과 7조약을 강제로 맺은 죄

▼ 안 의사 친필 이토 히로부미의 15개 죄악

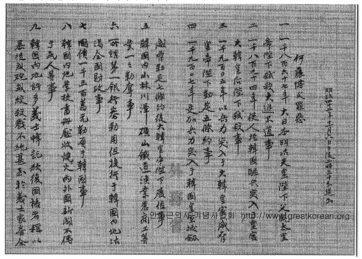

4. 무고한 한국인들을 학살한 죄

5. 국권을 강제로 빼앗은 죄

6. 철도, 광산, 산림, 천택을 강제로 빼앗은 죄

7. 제일은행권 지폐를 강제로 사용한 죄

8. 대한제국 군대를 해산시킨 죄

9. 교육을 방해한 죄

10. 대한인들의 외국 유학을 금지시킨 죄

11. 교과서를 압수하여 불태워 버린 죄

12. 대한인이 일본인의 보호를 받고자 한다고 세계에 거짓말을 퍼뜨린 죄

13. 대한제국과 일본 사이에 싸움이 쉬지 않고 살육이 끊이지 않는데, 대한제국을 태평무사한 것처럼 위로 천황을 속인 죄

14. 동양 평화를 깨뜨린 죄

15. 일본 천황의 아버지 태황제를 죽인 죄

이와 같은 안중근의 논리정연한 진술에 미조부치 검사와 기록을 담당한 일본인 서기관들은 놀라움을 금치 못했다. 안중근의 박식과 이토 죄상에 대한 상세한 진술을 들은 미조부치는 "지금 진술한 것을 들으니 당신은 정말 동양의 의사라고 할 수 있습니다. 이런 의사를 절대로 사형시키지 않을 것이니 걱정하지 마시오"라고 진정어린 말을 하기도 했다.

이에 안중근은 "내가 죽고 사는 것에 대해서는 말할 필요가 없소. 단지 이 뜻을 일본 왕에게 속히 알려 이토 히로부미의 못된 정략을 시급히 고쳐 동양의 위급한 대세를 바로잡는 것이 내가 간절히 바라는 바요"라고 말했다.

안중근이 밝힌 이토 히로부미의 죄상은 어김없는 사실이었다. 다만 마지막 죄목은 약간 착오가 있었던 듯하다. 명치왕의 아버지 효명왕은 1866년 12월 하순에 죽었다. 이때는 이토 히로부미가 아직 궁중에 출입하기 전이었고, 이 무렵 이토 히로부미는 고향에서 와병으로 치료를 받고 있었다. 따라서 이토 히로부미의 죄는 14가지라고 할 수 있다.

그것들의 주요 내용은 자유를 침해한 것, 사람을 죽인 것, 거짓말 한 것 등으로 요약할 수 있다. 안중근 자신이 배운 천주교 교리지식을 토대로 상선벌악과 사후 심판, 인간은 존엄함 등의 신념을 가지는 데 있어 하느님의 '정의'와 '평화'의 개념은 매우 중요한 것이었다. 그 때문에 평화를 파괴하는 것은 곧 죄악이었다. 안중근은 15개 조항 모두 정의와 평화를 깨뜨리는 것이므로 이토 히로부미의 행위를 죄악으로 보았던 것이다.

일본 정부는 안중근의 재판을 어느 나라에서 할 것인가를 두고 심각한 논의를 벌였다. 논란 끝에 재판의 관할지를 뤼순의 관동도독부 지방법원으로 결정하고, 10월 27일 고무라 주타로 외상이 가와카미 도시히코 하얼빈 총영사에게 이를 통보했다. 일본 정부는 안중근의 재판을 일본에서 하는 경우, 한국에서 하는 경우, 만주에서 하는 경우 등을 놓고 치밀하게 장단점을 분석했다.

한편 조선통감부는 안중근의 재판을 한국에서 하도록 하는 방안을 검토했다. 통감부는 안중근과 양위한 전 황제 고종 사이에 모종의 관계가 있는 것으로 단정하고, 안중근 의거를 계기로 야기된 반일 국면을 타개하고 한국병탄을 가속화하려는 의도에서 안중근의 재판 장소를 한국 내로 옮기려는 의도를 드러냈다.

그러나 일본 정부는 결국 여러 가지 이해득실을 따진 끝에 안중근과 그 연루자 9명의 재판관할권을 일본이 청일전쟁으로 점령한 중국 뤼순의 관동도독부 지방법원으로 지정했다. 국제 여론에서 벗어날 수도 있고 단독 판사여서 일본 정부의 의지대로 조종할 수 있었기 때문이다.

의거의 목적

안중근은 이토 히로부미를 제거함으로써 평화를 누리는 것으로 이해했다. 안중근의 의거는 이토 히로부미를 제거하지 않으면 한국의 독립과 동양의 평화가 어렵다는 것을 인식한 행위였다. 안중근은 이토 히로부미를 제거한 일차적인 목적을 이루었지만, 궁극적으로는 한국의 독립과 동양의 평화라는 목적을 달성하지 못했다는 한계를 지닌다. 안중근의 의도와는 달리 1910년부터 대한제국은 일본의 식민 지배를 받게 되었기 때문이다.

안중근 의거의 또 다른 의도는 자신의 행위가 다른 이들에게 본보기가 되고자 했다는 것이다. 다음 내용이 그것을 말해준다.

"저(안중근)는 분명히 살인죄를 범했지만, 이번 저의 행위가 장래에 조국 동포와 젊은이들이 애국심에 눈 뜨게 하고 독립심을 불태울 수 있도록 본보기가 되기를 기대해 봅니다."(사이토 다이켄, 장영순 역, 『내 마음의 안중근』, 인지당, 1997, 202쪽).

이 말의 내용을 자세히 들여다보면 안중근은 의거 목적을, 자신의 행위로 말미암아 자신과 같은 이들이 계속 나와 마침내 평화를 얻을 수 있을 것이란 믿음으로 모범을 보인 것이라 할 수 있다. 조국의 독립을 위해서는 한국인들이 독립심과 애국심을 가지고 일본에 대항해야 한다는 점을 강조하고 있는 것이다. 이러한 인식은 독립전쟁의 물고를 트기 위한 것이었음을 알 수 있다(하정호, 「안중근의 천주교 신앙 연구」, 가톨릭대학교 대학원, 2008, 31쪽).

더불어 안중근의 의도는 조국의 위기를 전 세계에 알리려고 하였다는 것이다. 최석우는 자신의 저서에서 이렇게 말한다.

"안 도마의 목적은 오직 그의 생각에 너무 등한시되고 있는 한국 문제로 여러 나라의 주의를 끌게 하려는 데 있었다.(중략) 동북아 문제도 일본이 중국과 대한 제국에서 철수하는 것만이 그것을 해결할 수 있는 길로 생각하고 있다."(최석우, 「안중근의 의거와 교회의 반응」, 『교회사 연구 9』, 1994).

이처럼 안중근의 의거는 대한제국의 상황과 일제(日帝)의 만행을 세계에 알리고, 주변의 약소국가들에게는 희망을 준 사건이기도 했다.

의거에 대한 반응들

　당시 안중근이 이토 히로부미를 저격한 사건은 교회와 국내외에 커다란 반응을 일으켰다. 국내외의 반응을 살펴보면 다음과 같다. 국내의 반응은 기쁨과 슬픔이라는 양면으로 나타났다. 안중근이 이토 히로부미를 저격한 의거는 큰 반향을 일으켰지만, 당시 국내 언론은 일제의 혹독한 탄압 때문에 '사실보도'밖에 할 수 없었다는 한계점에도 불구하고 대서특필하였다.

　국내 민족지인 「대한매일신보」와 「대한일보」는 안중근의 의거와 법정투쟁 그리고 뤼순 감옥에서 죽음을 앞두고도 '민족의 영웅'으로서 안중근의 의연한 자세와 애국심, 신앙심을 '사실보도'를 통해 소개하면서 국민들의 애국사상을 고취시켰다. 재외 민족지로 미국에서 발행되던 「신한민보」와 「신한국보」, 러시아의 블라디보스토크에서 발행되던「대동공보」는 보다 적극적인 항일, 애국언론활동을 줄기차게 전개하였다(이중기,「신앙인 안중근과 그의 의거에 대한 교회의 이해」, 부산가톨릭대학교 대학원 석사 논문, 1998. 77쪽.) 그리고「런던 타임즈」는 "상당수의 한국인들이 암살을 접하고는 환희하고 있다."는 전황(戰況)을 전했다.

이처럼 한국사회에서 국민들은 이토 히로부미 저격에 대한 안중근의 의거를 마음껏 표출하지는 못했지만, 한국 국민의 가슴을 후련하게 해준 사건이었음이 분명했다. 뿐만 아니라 이 사건은 당시 일제에 저항하던 애국지사들을 고무시켰으며, 나아가 한국민족의 민족의식을 고취시키는 지대한 역할을 하였다.

천주교의 반응은 어떠했을까? 천주교회는 당시 '정교분리정책'을 취하고 있었다. 그 때문에 당시 천주교회는 안중근의 행위를 반그리스도교적이고 비윤리적인 것으로 단죄했다. 교회가 안중근 의거 후 어떤 반응을 보였는지 알아 볼 수 있는 사료로는「뮈텔 주교 일기」,「조선교구통신문」,「경향신문」등 세 가지이다. 10월 28일, 일본의 유력 신문으로부터 이토 히로부미의 암살자가 천주교 신자라고 보도되었으니 회답을 달라는 전보가 뮈텔 주교에게로 왔다.

뮈텔 주교는 "결코 아님"이라는 답신을 보내고, 다음날「서울 프레스」에 항의문을 보내기까지 한다. 그리고 암살자가 안중근이라는 사실이 알려지자, 뮈텔 주교는 실망한다. 이러한 그의 반응은 한국과 일본에 대한 잘못된 인식으로 인해 친일적인 태도를 보인 것으로 생각할 수 있다. 반면에 빌렘 신부는 안중근의 행위를 종교적 측면에서는 반그리스도적이고 비윤리적인 일로 단죄하면서도, 성사(聖事)를 주는 것을 정치적 문제와 결부시키지 않았다. 그런 이유로 그는 안중근에게 성사를 집전할 수 있었던 것이다. 이러한 종교계의 친일적인 태도는 당시 「경향신문」의 보도에서도 잘 드러난다. 반면 당시 프랑스 선교사들이 프린트로 간행하여 돌려보던 「조선교구통신문」은 안중근의 행위에 대해 상당히 객관적이었다.

세계열강들의 언론은 여러 다른 각도에서 이 사건을 조명하였다. 「런던 타임즈」는 1909년 10월 27일자에서 '이토 공작의 살해'라는 제목하에 이토 히로부미를 일본과 한국의 화해를 주도한 인물로 소개했다. 「대한매일신보」는 뤼순 관동도독부 지방법원 법정에서 열렸던 재판들에 대해 지대한 관심을 갖고 보도하였다. 처음에는 안중근을 암살자로 보도하였으나, 계속해서 그에 대한 심문, 재판 과정, 그리고 안중근의 옥중 서간 및 면회 전경에 관한 보도를 하면서 애국적 지사로서의 면모를 부각시켰다.

러시아는 안중근의 의거를 한국에는 전혀 득(得)이 되지 않는 경거망동으로 간주하였다. 일부 러시아 신문에서 안중근 의거를 찬양하고 일제의 침략을 비난하는 사설(社說)을 싣기도 하였지만, 이 경우에는 러시아 정부로부터 제재를 받았다. 러시아에서는 안중근의 이토 히로부미 포살이 단순한 살인 행위가 아니며, 일본의 약소국 침탈과 명성황후의 사살, 고종황제의 퇴위에 대한 정당한 보복 행위로 보아야 옳다고 주장하며 강력히 옹호하는 세력도 있었다.

중국인들의 반응은 솔직하고 담백했다. 1895년 중일전쟁에서 패한 중국은 마관조약(일명 시모노세키 조약)을 통해 요동반도와 부속 도서를 빼앗기고, 전비 2억 냥을 배상하는 등 치욕스런 운명에 처해 있었다. 이때 안중근 의사가 이토 히로부미를 처단하자 중국인들은 중국을 대신하여 원수를 갚아준 살신성인의 영웅이라고 극찬했다. 각종 신문과 잡지들도 안중근의 의거 소식과 그의 약력을 크게 소개하였다.

중국의 신해혁명 지도자인 손문(孫文)은 예송시를 지어 안중근을 찬양하였고, 중국의 정치 지도자와 문인, 학자들은 앞다투어 안중근 의사의 의거를 환호, 격찬하면서 한 · 중 국민의 공동 항일투쟁의 계기로 삼으려 하였다. 중국 정치인들 가운데 가장 영향력 있는 인물 중 한 사람인 위안스카이(遠世凱)는 안중근의 처형 소식을 듣고 송축시를 지어 추모하기도 하였다(이중기). 양계초(梁啓超)는 그의 시에서 안중근은 해와 달처럼 영원할 것이며, 살아서 존경할 뿐만 아니라 죽어서도 그의 무덤 옆에 나란히 묻혀 동무하여 주련다고 사모하는 마음을 극대화해 표현하였다(홍순호, 「안중근의 동양평화론」, 『교회사 연구 9』 1994, 59쪽).

이렇게 안중근의 애국정신은 중국 젊은이들의 항일투쟁에 있어서 큰 힘과 격려가 되었다. 그리고 오늘날에도 중국 사람들에게 있어서 안중근은 익숙한 한국인의 항일투사 혹은 영웅으로 칭송되고 있다.

일본의 반응을 살펴보자. 「요미우리신문」과 「경성일보」 등 일본의 언론 매체들은 일제히 안중근의 의거를 '흉보'라는 머리글로 해서 속보로 내보냈다. 일본에선 안중근이 독립운동의 대표적 인물이었던 만큼,

그에 대해 다양한 조사, 즉 안중근 집안의 내력, 천주교의 수용과정과 민권의식, 계몽운동과 의병투쟁, 그리고 의거에 대한 국제적 언론 동향 등의 파악이 이루어졌다. 또한 대한제국을 말살하려 한 원흉 이토 히로부미를 사살한 한국의군 참모중장 안중근을 일본 지배층은 '테러리스트'라고 비난하였지만, 안중근을 직접 접했던 일본인들은 존경의 감정을 숨기지 않았다.

뤼순 감옥의 담당 간수이자 헌병대원이었던 '지바 토시치'는 안중근에게 '위국헌신 군인본분(爲國獻身 軍人本分)'이라는 휘호를 받고 크게 감격하기도 하였다. 귀국 후 그는 미야기현의 다이린 사에 안중근 위패를 모시고 1934년 사망할 때까지 그의 명복을 빌었다. 지금도 추모비가 서 있고 매년 추도식이 열린다. 임시정부 2대 대통령이었던 박은식은 『안중근 전』에서 "일인(日人)들도 그의 의(義)를 흠모하여 그 필적을 구하려는 자가 많았다."라고 쓰고 있다.

최근 들어서는 일본에서도 안중근의 '숭모사업'과 '동양평화론'에 대한 연구와 논문들이 속속 발표되고 있다. 또한 남산에 있는 안중근 기념관을 찾아 참배하는 외국인의 80%가 일본인이라는 점은, 우리가 깊이 생각해 볼 문제이다.

이처럼 안중근의 이토 히로부미 저격 사건은 국내외적으로 커다란 이슈가 되었다. 안중근이 이토 히로부미를 저격하기까지의 동기와 신념, 사상, 그리고 저격을 실행하기 위한 과정과 계획을 살펴본다면, 안중근의 의거는 충동적이고 일회적인 행위가 아니었음을 알 수 있다.

그리고 안중근의 의거가 신념에 찬 의거였음이 연구 결과 하나 하나 드러나고 있다. 그가 이토 히로부미를 저격한 것은 자신의 개인적인 분노가 아니라 국권을 침탈하는 자에 대한 응징과 동양 평화를 위한 살신성인 행위라고 볼 수 있다. 그는 이토 히로부미를 죽이지 않으면 조선의 독립은 불가능하고, 동양 평화도 요원하다는 확신으로 이 일을 추진했으며, 계획한 것을 실천함으로써 이뤄낸 것이라 할 수 있다.

9장

감옥 안에서 탄생한 동양평화론

國家安危
勞心焦思

옥중 서신

역사상 많은 위인들이 옥중에서 위대한 저술활동을 하였다. 안중근도 옥중에서 여러 편의 서신을 작성했다. 안중근 의사의 최후 모습을 보여주는 문건의 원본이 세상에 공개된 것은 그나마 정말 다행한 일이다. 1910년 3월 19일(안중근 의사 순국 일주일 전) 뤼순 감옥의 전옥(형무소장급 직위) 구리하라가 조선통감부 사카이 경시(총경급 직위)에게 보낸 보고서 형식의 편지에서, 그는 사형선고를 받은 안중근 의사가 필생의 역작『동양평화론』완성을 위해 사형 집행을 보름간 연기해줄 것을 요청하는 상황을 적어놓았다. 평화와 상생의 세상을 소망했던 안중근 의사의 면모를 입증하는 공식 문서라는 점에서 이것은 소중한 자료로 평가된다. 그 편지에는『동양평화론』집필 전후 과정이 적혀 있다(중앙일보).

안중근은 11월 1일부터 이듬해 3월 26일까지 146일간 뤼순 감옥에서 영어(囹圄)의 몸이 되어 있는 동안 몇 개의 저술을 남겼다. 맨 처음 안중근은 〈이토 히로부미의 죄악 15개조〉를 작성하여 11월 6일에 감리(監吏)에게 주었다. 그리고 12월 13일부터 이듬해 3월 15일까지 93일간 『안중근(安重根) 자전(自傳)』, 즉 『안응칠 역사』을 썼다.

전자는 이토 히로부미가 메이지 일본 정부의 대표로서 대한제국의 황후를 시살하고, 황제 폐하를 위협하여 주권을 빼앗는 조약을 강제하고, 황제를 폐위하는 일을 저지르고, 한국의 산업자산과 금융자산을 강제로 빼앗으면서 고의적으로 부채국을 만든 사실, 학교 교육을 방해하고 허다한 의사들을 폭도로 몰아 총살, 교살한 수가 십여만에 이르고, 청년들의 유학을 금지하고, 국제사회에 대해 한국인이 일본의 보호를 받기를 원한다던가 한국은 태평무사하다고 선전한 것 등을 들었다. 이러한 행위는 궁극적으로 "동양 평화가 영원히 파상(破傷)하여 수많은 인종의 장래 멸절을 가져올 것이므로" 그는 총살되어 마땅하다는 것이었다. 그의 저격은 이처럼 이토 스스로 자초한 것으로 동양의 평화를 위해 불가피한 것이었다는 논고(論告)였다.

『안중근 자전』은 이를 상설하는, 한자로 3만 3천여 자에 이르는 장문의 글이었다. 안중근은 옥중에서 이를 탈고한 후, 마지막으로 『동양평화론』을 쓰기 시작했다. 이토 히로부미 저격 이후 일본의 침략적 동양평화론 대신 동아시아 여러 나라가 함께하는 진정한 평화체제를 구축하기 위해 해야 할 일들을 제시하고자 한 것이다. 그는 법원 당국에 집필 계획을 알리고 탈고 후에 사형을 집행해 줄 것을 요청하여 수락을 받았다. 하지만 서문과 전감(前鑑) 밖에 쓰지 못한 상태에서 사형이 집행되어 결국 미완으로 남고 말았다. 안중근의 『동양평화론』 서문과 전감 전문의 내용을 소개한다.

東洋平和論

東洋平和論 序
夫合成散散萬古常定土理也、現今世界東西分球、
人種各殊、互相競爭如茶飯研究利器甚於農商、
新發明電氣砲飛行船浸水艇皆是傷人害物之機械也、
訓鍊青年驅入於戰役之場、無數貴重生靈棄
犧牲血川肉地無日不絶、好生厭死人皆常情淸
明世界是何光景言念及此骨寒心冷、究其末本則、
自古東洋民族但務文學而謹守自邦而已、都無侵
奪歐洲寸土尺地五大洲上人獸草木所共知者也、
而挽近數百年以來歐洲列邦頓忘道德之心日事
武力養成競爭之心小無忌憚中俄國尤甚其
暴行殘害西歐東亞無處不反、惡盈罪溢神人共怒

▲ 안 의사의 동양평화론 친필

동양평화론 서문

대저 합치면 성공하고 흩어지면 패망한다는 것은 만고에 분명히 정해져 있는 이치이다. 지금 세계는 동서(東西)로 나뉘어져 있고 인종도 각각 달라 서로 경쟁하고 있다. 일상생활에서 실용기계 연구에 농업이나 상업보다 더욱 열중하고 있다. 그러나 새 발명인 전기포(電氣砲 : 기관총), 비행선(飛行船), 침수정(浸水艇 : 잠수함)은 모두 사람을 상하게 하고 사물(事物)을 해치는 기계이다.

청년들을 훈련시켜 전쟁터로 몰아넣어 수많은 귀중한 생명들을 희생물(犧牲物 : 하늘과 땅이나 사당의 신에게 제사지낼 때 쓰는 짐승, 소, 돼지, 양 따위)처럼 버려, 피가 냇물을 이루고, 고기가 질펀히 널려짐이 날마다 그치질 않는다. 삶을 좋아하고 죽음을 싫어하는 것은 모든 사람의 한결같은 마음이거늘 밝은 세계에 이 무슨 광경이란 말인가. 말과 생각이 이에 미치면 뼈가 시리고 마음이 서늘해진다.

그 근본을 따져보면 예로부터 동양민족은 다만 문학(文學)에만 힘쓰고 제 나라만 조심해 지켰을 뿐이지 도무지 한치의 유럽 땅도 침입해 뺏지 않았다는, 오대주(五大洲) 위의 사람이나 짐승, 초목까지 다 알고 있는 사실이다.

그런데 유럽의 여러 나라들은 가까이 수백 년 이래로 도덕(道德)을 까맣게 잊고 날로 무력을 일삼으며 경쟁하는 마음을 양성해서 조금도 꺼리는 기색이 없다. 그중 러시아가 더욱 심하다.

그 폭행과 잔인한 해악이 서구(西歐)나 동아(東亞)에 어느 곳이고 미치지 않는 곳이 없으니 악이 차고 죄가 넘쳐 신(神)과 사람이 다같이 성낸 까닭에 하늘이 한 매듭을 짓기 위해 동해 가운데 조그만 섬나라인 일본으로 하여금 이와 같은 강대국인 러시아를 만주대륙에서 한주먹에 때려눕히게 하였다. 누가 능히 이런 일을 헤아렸겠는가. 이것은 하늘에 순응하고 땅의 배려를 얻은 것이며 사람의 정에 응하는 이치이다.

당시 만일 한(韓), 청(淸) 두 나라 국민이 상하가 일치해서 전날의 원수를 갚고자 해서 일본을 배척하고 러시아를 도왔다면 큰 승리를 거둘 수 없었을 것이나 어찌 그것을 예상할 수 있었겠는가. 그러나 한 · 청 두 나라 국민은 이와 같이 행동하지 않았을 뿐만 아니라 도리어 일본 군대를 환영하고 그들을 위해 물건을 운반하고, 도로를 닦고, 정탐하는 등 일의 수고로움을 잊고 힘을 기울였다. 이것은 무슨 이유인가. 거기에는 두 가지 큰 사유가 있었다.

일본과 러시아가 개전할 때, 일본 천황은 선전포고하는 글에 "동양 평화를 유지하고 대한독립을 공고히 한다"라는 했다. 이와 같은 대의 (大義)가 청천백일(青天白日)의 빛보다 더 밝았기 대문에 한·청 인사는 지혜로운 이나 어리석은 이를 막론하고 일치동심해서 복종했음이 그 하나이다. 또한 일본과 러시아의 다툼이 황백인종(黃白人種)간의 경쟁 이라 할 수 있으므로 지난날의 원수졌던 심정이 하루아침에 사라져 버 리고 도리어 큰 하나의 인종, 사랑, 무리[愛種黨]를 이루었으니 이 또한 인정의 순리라 가히 합리적인 이유의 다른 하나이다.

통쾌하도다! 장하도다! 수백 년 동안 행악하던 백인종의 선봉을 북 소리 한 번에 크게 부수었다. 가히 천고의 희한한 일이며 만방이 기념 할 자취이다. 당시 한국과 청국 두 나라의 뜻있는 이들이 기약없이 함 께 기뻐해 마지않은 것은 일본의 정략(政略)이나 일 헤쳐나감이 동서양 천지가 개벽한 뒤로 가장 뛰어난 대사업이며 시원스런 일로 스스로 헤 아렸기 때문이었다.

슬프다! 천만 번 의외로 승리하고 개선한 후로 가장 가깝고 가장 친 하며 어질고 약한 같은 인종인 한국을 억압하여 조약을 맺고, 만주의 창춘(長春) 이남인 한국을 조차(租借)를 빙자하여 점거하니 세계 모든 사람의 머릿속에 의심이 홀연히 일어나서 일본의 위대한 명성(名聲)과 정대한 공훈이 하루아침에 바뀌어 만행을 일삼는 러시아보다 더 못된 나라로 보이게 되었다.

슬프다! 용과 호랑이의 위세로서 어찌 뱀이나 고양이 같은 행동을 한단 말인가. 그와 같이 좋은 기회를 어떻게 다시 만날 수 있단 말인가. 안타깝고 통탄할 일이로다.

동양 평화와 한국 독립에 대한 문제는 이미 세계 모든 나라의 사람들 이목에 드러나 금석(金石)처럼 믿게 되었고 한·청 두 나라 사람들의 뇌리에 깊이 새겨져 있음에랴! 이와 같은 사상은 비록 천신의 능력으로도 소멸시키기 어려울 것이거늘 하물며 한두 사람의 지모(智謀)로 어찌 말살할 수 있겠는가.

지금 서양 세력이 동양으로 뻗쳐오는[西勢東漸] 환난을 동양 사람이 일치단결해서 극력 방어함이 최상책이라는 것은 비록 어린아이일지라도 극히 아는 일이다. 그런데도 무슨 이유로 일본은 이러한 순리의 형세를 돌아보지 않고 같은 인종인 이웃나라를 치고 우의(友誼)를 끊어 스스로 방휼의 형세를 만들어 어부(漁夫)를 기다리는 듯 하는가. 한·청 양국인의 소망은 크게 깨져 버리고 말았다.

만약 일본이 정략을 고치지 않고 핍박이 날로 심해진다면 부득이 차라리 다른 인종에게 망할지언정 차마 같은 인종에게 욕을 당하지 않겠다는 소리가 한·청 두 나라 사람의 폐부(肺腑)에서 용솟음쳐서 상하 일체가 되어 스스로 백인(白人)의 앞잡이가 될 것이 불을 보듯 뻔한 형세이다.

그렇게 되면 동양의 수억 황인종 가운데 수많은 뜻있는 인사와 정의로운 사나이가 어찌 수수방관(袖手傍觀)하고 앉아서 동양 전체가 까맣게 타죽는 참상을 기다리기만 할 것이며 또한 그렇게 하는 것이 옳겠는가. 그래서 동양 평화를 위한 의전(義戰)을 하얼빈에서 개전하고, 담판(談判)하는 자리를 뤼순구(旅順口)로 정했으며, 이어 동양 평화 문제에 관한 의견을 제출하는 바이다. 여러분의 눈으로 깊이 살펴보아 주기 바란다.

1910년 경술 2월

대한국인 안중근 뤼순 옥중에서 쓰다

동양평화론 전감

예로부터 지금에 이르기까지 동서남북의 어느 주(洲)를 막론하고 헤아리기 어려운 것은 대세(大勢)의 번복(飜覆)이고, 알 수 없는 것은 인심의 변천이다.

지난날(甲午年 : 1894년) 청일전쟁(淸日戰爭)을 보더라도 그때 조선국의 좀도둑(鼠竊輩) 동학당(東學黨)이 소요를 일으킴으로 인해서 청·일 양국이 함께 병력을 동원해서 건너왔고, 무단히 개전(開戰)해서 서로 충돌하였다. 그 결과, 일본이 청국을 이기고 승승장구, 랴오뚱(遼東)의 반을 점령하였다. 그리고 일본은 군사 요지인 뤼순(旅順)을 함락시키고 황해함대(黃海艦隊)를 격파한 후 마관(馬關)에서 담판을 벌인 후, 조약을 체결하여 타이완(臺灣)을 할양받고 2억 냥을 배상금으로 받기로 하였다. 이는 일본의 유신(維新) 후 하나의 커다란 기념사이다.

청국은 물자가 풍부하고 땅이 넓어 일본에 비하면 수십 배는 되는데 어떻게 해서 이와 같이 패했는가.

예로부터 청국인은 스스로를 중화대국(中華大國)이라 일컫고 다른 나라를 오랑캐[夷狄]라 일러 교만이 극심하였다. 더구나 권신척족(權臣戚族)이 국권을 멋대로 희롱하고 신하와 백성이 원수를 삼고 위아래가 불화했기 때문에 이와 같이 욕을 당한 것이다.

한편 일본은 메이지 유신 이래로 민족이 화목하지 못하고 다툼이 끊임이 없었으나, 외교상의 전쟁이 생겨난 후로는 집안싸움[同室操戈之變]이 하루아침에 화해가 되고 연합하여, 한 덩어리 애국당(愛國黨)을 이루었으므로 이와 같이 개가를 올리게 된 것이다. 이것이 이른바 친근한 남이 다투는 형제보다 못하다는 것이다.

이 때의 러시아와 행동을 기억해야 한다. 당일에 동양함대(東洋艦隊)가 조직되고 프랑스, 독일 양국이 연합하여 요코하마(橫濱) 해상에서 크게 항의를 하니 요동반도가 청국에 돌려지고 배상금은 감액되었다. 그 외면적인 행동을 보면 가히 천하의 공법(公法)이고 정의라 할 수 있으나, 그 내용을 들여다보면 호랑이와 이리의 심술보다 더 사납다.

불과 수년 동안에 러시아는 민첩하고 교활한 수단으로 뤼순을 조차(租借)한 후에 군항(軍港)을 확장하고 철도를 부설하였다. 이런 일의 근본을 생각해 보면 러시아 사람이 수십 년 이래로 봉천 이남(奉天以南)인 다롄(大連), 뤼순, 뉴쥬앙(牛莊) 등지에 부동항(不凍港) 한 곳을 억지로라도 가지고 싶은 욕심이 불같고 밀물 같았기 때문이다. 그러나 청국이 한번 영(英)·불(佛) 양국의 톈진(天津) 침략을 받은 이후로 관동(關東) 지역의 각 진영에 신식 병마(兵馬)를 많이 설비했기 때문에 감히 손을 쓸 마음을 먹지 못하고 단지 끊임없이 침만 흘리면서 오랫동안 때가 오기를 기다리고 있었다. 이 때에 이르러 셈이 들어맞은 것이다.

이런 일을 당해서 일본인 중에도 식견이 있고 뜻이 있는 자는 누구라도 창자가 갈기갈기 찢어지지 않았겠는가. 그러나 그 이유를 따져 보면 이 모두가 일본의 과실이었다. 이것이 이른바 구멍이 있으면 바람이 들어보는 법이요. 자기가 치니까 남도 친다는 격이다. 만일 일본이 먼저 청국을 침범하지 않았다면 러시아가 어찌 감히 이와 같이 행동했겠는가. 가히 제 도끼에 제 발등 찍힌 격이다.

이로부터 중국 전체의 모든 사회 언론이 들끓었으므로 무술개변(戊戌改變 : 캉유웨이, 량치챠오 등 변법파에 의한 변법자강운동. 1898년 겨우 100일 만에 실패로 끝났지만 그 영향은 지대한 것이었다)이 자연히 양성(釀成)되고 의화단(義和團 : 중국 백련교계 등의 비밀결사. 청일전쟁 후 제국주의 열강의 압력에 항거해서 1900년대에 산동성의 여러 주현에서 표면화하여 베이징, 톈진 등지로 확대되었다. 반제반만배척운동의 주체였다)이 들고일어 났으며 일본과 서양을 배척하는 난리가 치열해졌다.

그래서 8개국 연합군이 보하이(渤海) 만 해상에 운집하여 톈진이 함락되고 베이징(北京)이 침입을 받았다. 청국 황제가 시안(西安)으로 파천하는가 하면 군민(軍民)할 것 없이 상해를 입은 자가 수백만 명에 이르고 금은재화의 손해는 그 숫자를 헤아릴 수 없었다.

이와 같은 참화는 세계 역사상 드문 일이고 동양의 일대 수치일 뿐만 아니라 장래 황인종과 백인종 사이의 분열경쟁이 그치지 않을 징조를 나타낸 것이다. 어찌 경계하고 탄식하지 않을 것인가.

이때 러시아 군대 11만이 철도 보호를 핑계로 만주 경계 지역에 주둔해 있으면서 끝내 철수하지 않으므로 러시아 주재 일본공사 구리노(栗野)가 혀가 닳고 입술이 부르트도록 폐단을 주장하였지만 러시아 정부는 들은 체도 않을 뿐 아니라 도리어 군사를 증원하였다.

슬프다! 러·일 양국 간의 대참화는 끝내 모면하지 못하였다. 그 원인을 논하자면 필경 어디로 돌아갈 것인가. 이것이야말로 동양의 일대전철(一大前轍)이다.

당시 러·일 양국이 각각 만주에 출병할 때 러시아는 단지 시베리아 철도로 80만의 군비(軍備)를 실어내었으나 일본은 바다를 건너고 남의 나라를 지나 4, 5군단과 중장비, 군량을 육지와 바다 양편으로 요하(遼河) 일대에 수송했다. 비록 예정된 계산이었다고는 하지만 어찌 위험하지 않았겠는가. 결코 만전지책(萬全之策)이 아니요, 참으로 무모한 전쟁이라 할 수밖에 없다.

그 육군이 잡은 길을 보면 한국의 각 항구와 성경(盛京), 전주만(全州灣) 등지로, 육지에 내릴 때는 4, 5천리를 지나 왔으니, 수륙(水陸)의 괴로움을 말하지 않아도 짐작할 수가 있다.

이때 일본군이 다행히 연전연승은 했지만 함경도(咸鏡道)를 아직 벗어나지 못했고 뤼순을 격파하지 못했으며 봉천에서 채 이기지 못했을 즈음이다.

만약 한국의 관민(官民)이 다 같이 한 목소리로 을미년(乙未年, 1895년)에 일본인이 한국의 명성황후(明成皇后) 민 씨(閔 氏)를 무고히 시해한 원수를 이때 갚아야 한다고 사방에 격문을 띄우고 일어나서, 함경·평안 양도 사이에 있던 러시아 군대가 생각지 못했던 곳을 찌르고 나와 전후좌우로 충돌하며, 청국도 또한 상하가 협동해서 지난날 의화단 때처럼 들고 일어나 갑오년(甲午年, 청일전쟁)의 묵은 원수를 갚겠다고 하면서 베이징(北淸) 일대의 국민이 폭동을 일으키고 허실(虛實)을 살펴 방비 없는 곳을 공격하며 가이핑(盖平), 랴오양(遼陽) 방면으로 유격기습을 벌여 나가 싸우고 물러가 지켰다면, 일본군은 남북이 분열되고 배후에 적을 맞아 사면으로 포위당하는 비탄함을 면하기 어려웠을 것이다.

만일 이런 지경에 이르렀다면 뤼순, 봉천 등지의 러시아 장병들의 예기(銳氣)가 드높아지고 기세가 배가(倍加)되어 앞뒤로 가로막고 좌충우돌했을 것이다.

그렇게 되면 일본군의 세력이 머리와 꼬리가 맞아떨어지지 못하고 중장비와 군량미를 이어댈 방도가 아득해졌을 것이다. 그러하면 야마가타(山縣有朋 : 러일전쟁 당시 2군 사령관) 대장의 경략(經略)은 틀림없이 헛된 일이 되었을 것이다.

또한 청국 정부와 주권자도 야심이 폭발해서 묵은 원한을 갚게 되었을 것이고, 때도 놓치지 않았을 것이다.

이른바 만국공법(萬國公法)이라느니 엄정중립(嚴正中立)이라느니 하는 말들은 모두 근래 외교가(外交家)의 교활하고 왜곡된 술수이니 말할 것조차 되지 못한다. 병불염사(兵不厭詐 : 군사행동에서 적을 속이는 것도 마다하지 않는 것), 출기불의(出其不意 : 의외의 허점을 찌르고 나가는 것), 병가묘산(兵家妙算 : 군사가의 교묘한 셈)을 운운하면서 관민(官民)이 일체가 되어 명분 없는 군사를 출동시키고 일본을 배척하는 정도가 극렬참독(慘毒)해졌다면 동양 전체를 휩쓸 백년풍운(百年風雲)을 어떻게 할 것인가.

만약 이와 같은 지경이 되었다면 구미열강이 아주 좋은 기회를 얻었다 해서 각기 앞을 다투어 군사를 충돌시켰을 것이다.

그때 영국은 인도, 홍콩 등지에 주둔하고 있는 육해군을 한꺼번에 출동시켜 웨이하이웨이(威海衛 : 산뚱 반도에 위치한 군항) 방면에 집결시켜 놓고는 필시 강경한 수단으로 청국 정부와 교섭하고 추궁했을 것이다. 또 프랑스는 사이공, 마다가스카르 섬에 있는 육군과 군함을 일시에 지휘해서 아모이 등지로 모여들게 했을 것이고, 미국, 독일, 벨기에, 오스트리아, 포르투갈, 그리스 등의 동양 순양함대는 보하이(渤海) 만 해상에서 연합하여 합동조약을 예비하고 이익을 같이 나누기를 희망했을 것이다.

그렇게 되면 일본은 별수 없이 밤새워 전국의 군사비(軍事費)와 국가 재정(財政)을 통틀어 짠 뒤에 만주와 한국으로 곧바로 수송했을 것이다. 한편, 청국은 격문을 사방으로 띄우고 만주, 산동, 허난(河南), 찡낭(荊襄) 등지의 군대와 의용병을 매우 급히 소집해서 용전호투(龍戰虎鬪)하는 형세로 일대풍운(一大風雲)을 자아냈을 것이다. 만약 이러한 형세가 벌어졌다면 동양의 참상은 말하지 않아도 상상하고도 남음이 있다.

이때 한·청 두 나라는 그렇게 하지 않았을 뿐만 아니라 오히려 약장(約章)을 준수하고 털끝만큼도 움직이지 않아 일본으로 하여금 위대한 공훈을 만주땅 위에 세우게 했다.

이로 보면 한·청 두 나라 인사의 개명(開明) 정도와 동양 평화를 희망하는 정신을 충분히 알 수 있다. 그러하니 동양의 뜻 있는 인사들의 깊이 생각한 헤아림은 가히 뒷날의 경계가 될 것이다.

그런데 그때 러·일전쟁이 끝날 무렵 강화조약(講和條約) 성립을 전후해서 한·청 두 나라 뜻 있는 인사들의 허다한 소망이 다 부서지고 말았다.

당시 러·일 두 나라의 전세를 논한다면 한번 개전한 이후로 크고 작은 교전(交戰)이 수백 차례였으나 러시아 군대는 연전연패(連戰連敗)로 상심낙담하여 멀리서 모습만 바라보고서도 달아났다. 한편 일본 군대는 백전백승, 승승장구하여 동으로는 블라디보스토크 가까이 이르고 북으로는 하얼빈에 육박하였다. 사세가 여기까지 이른 바에야 기회를 놓쳐서는 안 될 일이었다. 이왕 벌인 일이니 비록 전 국력을 기울여서라도 한두 달 동안 사력을 다해 진취하면 동으로 블라디보스토크를 뽑고 북으로 하얼빈을 격파할 수 있었음은 명약관화한 형세였다.

만약 그렇게 되었다면 러시아의 백년대계는 하루아침에 필시 토붕와해(土崩瓦解)의 형세가 되었을 것이다. 그런데 무슨 이유로 그렇게 하지 않고 도리어 은밀히 구구하게 먼저 강화를 청해, 화를 뿌리째 뽑아버리는 방도를 추구하지 않았는지, 가히 애석한 일이다.

더구나 러·일 강화 담판을 보더라도 천하에 어떻게 워싱턴을 담판할 곳으로 정하였단 말인가. 당시 형세로 말한다면 미국이 비록 중립(中立)으로 편파적인 마음이 없었다고는 하지만, 짐승들이 다투어도 주객이 있고 텃세가 있는 법인데 하물며 인종의 다툼에 있어서랴.

일본은 전승국이고 러시아는 패전국인데 일본이 어찌 제 본뜻대로 정하지 못했는가. 동양에는 마땅히 알맞은 곳이 없어서 그랬단 말인가.

고무라 쥬타로(小村壽太郎) 외상(外相)이 구차스레 수만리 밖 워싱턴까지 가서 포츠머스 강화조약을 체결할 때에 사할린 절반을 벌칙조항(罰則條項)에 넣은 일은 혹 그럴 수도 있어 이상하지 않지만, 한국을 그 가운데 넣어 우월권(優越權)을 갖겠다고 한 것은 근거도 없는 일이고 합당하지도 않은 처사이다. 지난날 마관(馬關)조약(청일전쟁 후 이토 히로부미와 리홍장이 체결한 시모노세키 조약) 때는 본시 한국은 청국의 속방(屬邦)이었으므로 그 조약 중에 간섭이 반드시 있게 마련이었지만, 한·러 두 나라 사이에는 처음부터 관계가 없었던 터인데 무슨 이유로 그 조약 가운데 들어가야 했단 말인가.

일본이 한국에 대해서 이미 큰 욕심을 가지고 있었다면 어찌 자기 수단껏 자유로이 행동하지 못하고 이와 같이 유럽 백인종과의 조약 가운데 삽입하여 영원히 문제가 되게 만들었단 말인가. 도무지 어이가 없는 처사이다. 또한 미국 대통령이 이미 중재하는 주인공이 되었는지라 곧 한국이 유럽과 미국 사이에 끼어 있는 것처럼 되었으니 중재자도 필시 크게 놀라서 조금은 기이하게 여겼을 것이다. 같은 인종을 사랑하는 의리로서는 만에 하나라도 승복할 수 없는 이치이다.

아울러 미국 대통령은 노련하고 교활한 수단으로 고무라 외상을 농락하여 바다 위 섬의 약간의 조각 땅과 파선(破船), 철도 등 잔물(殘物)을 배상으로 나열하고서 거액의 벌금을 전부 파기시켜 버렸다. 만일 이때 일본이 패하고 러시아가 승리해서 담판하는 자리를 워싱턴에서 개최했다면 일본에 대한 배상요구가 어찌 이처럼 약소했겠는가. 그러하니 세상의 일의 공평되고 공평되지 않음을 이를 미루어 가히 알 수 있을 뿐이다.

지난날 러시아가 동으로 침략하고 서쪽으로 정벌을 감행해, 그 행위가 몹시 가증하므로 구미열강이 각자 엄정주립을 지켜 서로 돕지 않았지만 이미 이처럼 황인종에게 패전을 당한 뒤이고 사태가 결판이 난 마당에서야 어찌 같은 인종으로서의 우의가 없었겠는가. 이것은 인정 세태의 자연스런 모습이다.

슬프다. 그러므로 자연의 형세를 돌아보지 않고 같은 인종 이웃나를 해치는 자는 마침내 독부(獨夫 : 악행을 일삼아 따돌림을 받는 사람. 일본을 가리킴)의 판단을 기필코 면하지 못할 것이다.

1910년 경술 2월

대한국인 안중근 뤼순 옥중에서 쓰다

- 10장 -

나의 소원은 동양 평화입니다

國家安危
勞心焦思

동양 평화를 위하여

안중근은 1910년 3월 26일 교수형이 집행되기 직전 행한 마지막 유언에서 "나의 거사는 동양 평화를 위해 결행한 것이므로 형을 집행하는 관리들도 앞으로 한일 간에 화합하여 동양 평화에 이바지하기 바란다"고 하였다. 안중근의 마지막 유언은 동양 평화였던 것이다. 그가 30여 년의 짧은 생을 마감하면서 남긴 마지막 유언인 동양 평화는 안중근의 삶의 의미를 한 마디로 정의할 수 있는 정수이며, 그가 존재했던 이유였다.

그는 왜 그토록 동양 평화를 갈망했을까? 안중근은 자신이 이토 히로부미를 사살한 한 이유를 "이토 히로부미가 생존하는 한 동양의 평화는 무너질 뿐이어서 나는 동양의 평화를 위해 그를 제거하기에 이른 것"이라며, "이는 결코 사사로운 원한이 아니다"고 진술했다. 안중

▲ 뤼순 감옥에서 사형을 앞두고 일본인의 부탁을 받아 쓴 '大韓國人 安重根(대한국인 안중근)'이란 글씨와 함께 오른쪽 손 약지를 단지한 손도장.

근의 옥중 자서전인 『안응칠 역사』에서는 이토 히로부미의 15가지 죄상 중 14번째로 '동양의 평화를 깨뜨린 죄'를 적시하고 있다. 안중근은 자신의 행동이 동양 평화를 깬 일본의 잘못된 정책 때문이며, 이토 히로부미는 이런 정책을 고안하고 집행한 인물이기 때문에 사살했다고 주장했다.

안중근은 자신의 구상인 『동양평화론』을 마무리하려 했으나, 서문과 4개의 본문인 '전감(前鑑)', '현상(現狀)', '복선(伏線)', '문답(問答)' 중 서문과 첫 부분인 '전감'까지만 쓰고, 1910년 3월 26일 사형이 집행되면서 미완성본으로 남겨두게 되었다. 안중근은 『동양평화론』을 완성하기 위해 스스로 사형집행일로 자청한 예수의 승천일인 3월 25일에서 약 15일 정도 집행 연기를 일본 법원에 청하였으나 묵살당했다.

그러나 그 대강의 내용은 1910년 2월 14일 일본인 히라이시 우지히토(平石氏人) 뤼순(旅順) 고등법원장과 행한 면담 기록인 '청취서'를 통해 전해지고 있다. 안중근은 본문의 '전감'에서 동양 평화가 깨진 주된 이유를 일본에게서 찾았다. 1904년 일본은 러일전쟁 선전포고문에 "한국의 독립을 공고히 하려 한다"고 언급했음에도 불구하고, 승전 후 진행된 러일 강화조약문에 일본의 한국에 대한 우월권을 삽입한 것은 정작 일본을 도운 한국과 청나라 양국의 인사들의 소망을 절단 낸 것이라고 비판했다.

더 나아가 일본은 한국의 독립을 공고히 하겠다는 약속을 저버리고, 러일전쟁 직후인 1905년 을사조약을 통해 한국의 외교권을 박탈하고, 1907년에는 한일신협약으로 한국의 황제를 폐위하였으며, 마침내 군사권마저 박탈하였다. 그리하여 안중근은 동양 평화를 깨는 전략을 수립한 이토 히로부미를 하얼빈에서 암살하여 일본이 침략적 대외정책을 수정하도록 충격을 주고, 『동양평화론』을 저술하여 일본에게 서양의 침략에 대응하기 위해 동양 삼국이 서로 협력하여 동양의 평화를 지켜낼 수 있도록 '새로운 방책'을 알려주고자 했던 것이다.

안중근이 일본에게 제시한 동양 평화를 위한 '새로운 방책'은 히라이시 고등법원장과 진행한 '청취서'를 분석해 볼 때, 『동양평화론』이 대체로 다음과 같은 골격을 가지고 있다는 사실을 알 수 있다(김영호, 「안중근의 동양평화론과 동북아경제공동체론」, 100쪽).

일본은 뤼순 지역을 중국에 돌려주고 중립화하여 그곳에 한·청·

일 3국이 공동 관리하는 군항(軍港)을 만들고, 이들 3국이 대표를 파견하여 '동양평화회의'를 조직하도록 한다. 재정 확보를 위하여 회비를 모금하면 수억 명의 인민이 가입할 것이다. 각국 각 지역에 동양평화회의의 지부를 두도록 한다(윤병석, 1999).

그리고 원만한 금융을 위하여 공동 은행을 설립하고 각국이 함께 쓰는 공용 화폐를 발행하도록 한다. 각 지역에는 은행 지부를 둔다. 3국의 청년들로 공동의 군단을 만들고, 그들에게 2개국 이상의 언어를 배우게 하여 우방 또는 형제의 관념을 높인다. 한 · 청 두 나라는 일본의 지도하에 상공업의 발전을 도모한다. 한 · 청 · 일 세 나라의 황제가 로마교황을 방문하여 협력을 맹세하고, 왕관을 받는다. 세계 민중의 신용을 얻을 수 있을 것이다.

안중근의 이와 같은 동양평화론을 좀 더 상세히 살펴보자.

1. 3국 정치공동체를 창설하자

안중근은 "새로운 정책은 뤼순을 개방하여 일본, 청국, 그리고 한국이 공동 관리하는 군항으로 만들고, 세 나라에서 대표를 파견해 상설 '동양평화회의'를 조직한 뒤 이를 공표하는 것"이라며, 이를 위해 "뤼순은 일단 청국에 돌려주고 그것을 평화의 근거지로 삼는 것이 가장 현명한 방법"이라고 제안했다. 안중근은 동북아 국제분쟁의 발원지인 뤼순을 국제사회에 개방하고 평화회의체 설치를 통해 3국의 '정치공동체' 창설을 제안하고 있다(이승령). 안중근이 제안한 정치공동체는 아직 이루어지지 않고 있다. 안중근의 정신을 오늘에 이어받는다면 남북한, 일본, 중국, 미국과 러시아까지 아우르는 정치공동체를 꾸준히 논의하고 노력해봐야 할 것이다.

2. 3국 경제공동체를 창설하자

안중근은 『동양평화론』에서 일본의 재정 확보가 시급함을 말하며, 이를 위해 "뤼순에 조직될 동양평화회의에서 회원을 모집하고 회원 한 명당 회비로 1원씩 모금"하면, 자연스럽게 "일본과 청국, 그리고 한국의 인민 수억이 가입"할 것이고, 이에 "중앙은행을 설립하고 각국이 공용하는 화폐를 발행하면 신용이 생기므로 금융은 자연히 원만해질 것"이라며 공동 중앙은행의 설립과 공용 화폐 사용을 통한 3국간 경제공동체 창설을 주장하였다. 한·중·일은 역사적으로는 물론 앞으로는 더욱더 경제적으로 밀접한 관계를 유지할 수밖에 없다. 선각자 안중근의 이러한 주장은 최근 한·중 FTA로 상당 부분 이루어지고 있다. 한·중·일이 FTA 등을 통한 경제공동체로 발전해간다면, 안중근의 염원처럼 한·중·일은 동양 평화에 크게 기여할 것이다.

3. 3국 평화유지군을 창설하자

안중근은 한·중·일 3국의 평화유지군을 주장하였다. 이 얼마나 위대한 주장인가? 안중근은 동양 평화에 필수적인 "뤼순의 평화를 유지하기 위해서 일본은 군함 5, 6척만 계류해 두면 되지만", 이에 반발하여 "일본을 노리는 서양열강에 대응하기 위해서는 무장을 하지 않을 수 없다. (중략) 그래서 세 나라의 건장한 청년들로 군단을 편성하고, 이들에게는 2개국 이상의 어학을 배우게 하여 우방 또는 형제의 관념이 높아지도록 지도하자"며 오늘날 NATO와 같은 '군사공동체' 창설을 주장했다.

이는 생각하면 할수록 위대하고 선지적인 개념이다. 한·중·일이 동양 평화를 위해 평화유지군을 창설했다고 한번 가정해 보자. 아시아의 평화는 물론, 세계 평화의 분수령이 될 것이다. 안중근의 염원처럼 한·중·일 3국이 꾸준한 군사적 협력을 통해 평화유지군이 창설될 날을 기대해본다.

4. 3국 경제협력체를 창설하자

안중근은 경제 발전의 중요성을 강조하며 "청과 한국 두 나라는 일본의 지도하에 상공업의 발전을 도모하게 될 것"이라고 주장하고, 일본을 선두로 청과 한국이 따라가는 3개국 '경제 발전 모델'을 제안했다. 이러한 조치를 하게 되면 "일본은 수출이 많이 늘게 되고 재정도 풍부해져서 안정을 누릴 것"이라고 주장하였다. 안중근은 일본을 '머리'라고 표현하면서 일본의 선도적 역할을 인정했다. 그는 자신의 거사 목적이 일본에게 해를 끼치기 위해서가 아니라 일본이 아시아의 최고 문명국으로서 제국주의 침략을 막고 동양의 평화를 위해 책임을 다할 것을 촉구했던 것이다.

안중근의 제안처럼 이미 한 · 중 · 일은 다양한 경제적 협력을 해오고 있다. 안중근의 염원처럼 서로 원원하는 경제적 협력이 한 · 중 · 일 간에 이뤄진다면 동양 평화에 한걸음 더 다가갈 수 있을 것이다.

5. 3국 공동체에 대한 국제적 지지

안중근은 이와 같은 새로운 방책에 대한 국제적 지지가 중요하다는 것을 지적하고, "세 나라의 황제가 로마교황을 만나 이를 맹세하고 관을 쓴다면 세계는 이 소식에 놀랄 것"이라고 주장했다. 그리고 "오늘날 존재하는 종교 가운데 3분의 2는 천주교이다. 로마교황을 통해 세계 3분의 2의 민중으로부터 신용(신뢰, 지지)을 얻게 된다면 그것은 대단한 힘이 된다"며 3개국 평화협의체에 대한 국제사회의 보편적 지지가 중요함을 역설했다.

동양평화론의 배경

『동양평화론』은 안중근이 얼마나 위대한 사상가였으며, 평화주의자였나를 우리에게 잘 알려주고 있다. 1910년 안중근이 밝힌 당시 동양 평화에 대한 그의 철학과 구상은, 제1차 세계대전 후 유럽에서 정립되어 간 유럽통합사상과 제2차 세계대전 후 형성된 유럽통합사와 비교해본다면 그가 초국가적 지역통합론에 있어서 얼마나 뛰어난 선구자였는지를 알게 해준다.

그렇다면 안중근은 어떻게 이런 개념을 정립할 수 있었을까? 안중근의 『동양평화론』에 가장 큰 영향을 준 사상은 '삼국제휴론'이었다. '삼국제휴론'은 1880년대 이후 제기되기 시작하였으며, 국가적 차원의 외교 전략으로 등장한 것은 1897년 후반 중국이 서구열강에 의해 분할 위기에 놓인 시점이었다. 이때 「황성신문」을 비롯해 「대한매일신보」

등 개화파 신문들은 '삼국제휴론'을 적극 제기했고, 안중근은 이를 통해 세계정세의 흐름과 개화사상을 수용했다. 안중근에게 가장 큰 사상적 영향을 미친 「황성신문」은 "삼국은 같은 대륙, 같은 인종, 같은 문자로써 연대가 가능하다"며 "청의 4억, 한국의 2천만, 일본의 4천만 국민이 힘을 합치면 황인종은 백인종에 대적할 수 있다"며 삼국 제휴를 황인종 대 백인종의 인종주의적 관점으로 인식해 러시아의 침략을 방어하는 데 초점을 맞췄다.

그리고 안중근 평화사상의 또 다른 근원은 그의 종교적 신념에서 비롯된 것이었다. 그는 독실한 천주교 신자로, 한·청·일 삼국이 동양 평화를 위해 협의체를 구성하고 나면 이에 대한 국제적 지지를 얻

▼ 마지막 면회

기 위해 "로마 교황을 만나 관을 쓴다면 전 세계 인종들이 모두 환영할 것"이라고 주장했다. 이것은 단지 그의 종교 편향성 때문이 아니라 하늘 아래 모든 인종이 신분을 넘어서 천주의 형제자매라는 그의 천명사상에 깊은 뿌리를 두고 있었다.

안중근은 삼국의 '수평적 연대'를 동양 평화의 가장 중요한 조건으로 인식했다. 안중근은 삼국의 국력 차이로 인해 일본의 패권을 인정하면서 힘의 지배가 아니라 삼국의 수평적 연대를 토대로 한 균형을 추구하였다. 따라서 안중근에게 삼국의 정치적 독립은 수평적 연대의 최우선 조건이었다. 그는 삼국이 세 발로 서 있는 솥과 같아서 삼국 중 어느 한 나라라도 독립을 상실하면 균형이 무너져 삼국 제휴는 불가능하다고 인식했던 것이다.

안중근의『동양평화론』은 동아시아 지역을 대상으로 한 사상이자 이 지역 국가들의 협력을 위한 사상으로, 매우 높은 수준의 정치 및 경제공동체의 실현을 목표로 하고 있었다. 안중근은 이러한 통합의 범위를 한국과 중국, 일본 세 나라에만 국한하지 않고, 더 멀리 인도, 태국, 베트남 등 아시아 각국을 끌어들임으로써 동북아 차원의 통합을 넘어 동아시아 전 지역을 다자적 통합의 대상으로 설정하고 있었다(이승열). 결과적으로 안중근은 자신의『동양평화론』을 통해서 한·청·일이 독립된 상태에서 서로 동맹을 맺어 서양의 침략에 함께 맞서야 하며, 이를 위해 일본은 다른 제국주의 국가들이 했던 패권주의에서 벗어나 새로운 방법을 써야 한다고 강조하였다.

미루어진 동양 평화

그러나 일본은 안중근의 충고에 귀를 기울이지 않았다. 19세기 말 메이지유신(明治維新)을 통해 서구의 제국주의론을 긍정적으로 받아들인 일본은 이를 자국의 민족주의와 교묘히 결합시켜 동아시아 지역을 제국주의의 침략 대상으로 인식했다. 이토 히로부미는 겉으로는 서양의 아시아 침략에 맞서 한·청·일 삼국의 단결과 제휴를 주장하며 동양평화론을 내세웠지만, 이것은 안중근의 것과는 질적으로 다른 것이었다.

안중근은 1905년 러일전쟁 후 일본이 한국을 보호국으로 전락시킨 을사조약을 체결하자 이토 히로부미의 동양평화론과 완전히 결별하고 자신만의 진정한 동양평화론을 정립하였다. 안중근은 삼국의 독립과 단결을 통해 동양의 평화를 지켜야 한다는 입장이었지만, 이토 히로부미는 일본이 한국을 병합해야 동양에 평화가 온다는 입장이었다. 그렇게 보았을 때, 이토 히로부미의 동양평화론은 일본의 대륙 팽창을 정당화하는 침략론이었다. 19세기 말 청국과 서구열강 사이에 전쟁 위기가 고조되자 삼국 연대를 주장했던 일본은 엄정중립을 주장하는 등 실제로 아시아에서 연대가 필요한 상황에서는 정작 연대를 거부했다.

이토 히로부미의 동양평화론은 실제로 1885년 다루이 도키치(樽井藤吉)의 '아시아연대론'으로 시작되어 1917년 오데라 겐키치(小寺謙吉)의 '대아시아주의론'으로 구체화되었고, 1938년 민족주의와 제국주의를 결합시킨 고노에 후미마로(近衛文麿)의 '동아신질서론'으로 발전하여 일본의 동아시아 침략의 명분으로 악용되었다. 만약 일본이 안중근의 동양평화론에 잠시라도 귀를 기울였다면 태평양 전쟁, 원폭 투하, 분단과 같은 20세기 인류사의 처참한 비극을 조금이나마 막아낼 수 있었을 것이다.

지금도 일본은 한국과 중국에 그리 우호적이지 않다. 우선적으로 해결해야 할 역사문제에 대한 입장조차 정리하지 못하고 있다. 침략에 대한 진정어린 사과, 전쟁 배상, 위안부 문제 등을 도외시하면서 동북아의 긴장을 부추기고 있다. 미련한 짓이 아닐 수 없다. 동양 평화를 위해, 또한 일본 자신을 위해 이런 문제들을 풀어갈 때, 동양 여러 나라들이 일본에 우호적이고, 동양의 평화가 정착될 것이다.

영웅, 안중근을 기리며

2014년 3월 28일 박근혜 대통령은 독일 통일의 상징인 드레스덴에서 '한반도 평화통일을 위한 구상'이란 제목의 연설을 통해 자신의 통일 구상을 밝혔다. 박 대통령이 밝힌 3대 대북 제안(인도적 문제 해결, 민생 인프라 구축, 민족 동질성 회복)과 북핵문제 해결을 위한 동북아다자안보협의체의 추진, 한반도 통일과 동북아 화합의 출발점으로서 DMZ세계평화공원 건설은 모두 북한의 참여를 전제로 한 것이다. 통일을 단순히 남북문제가 아닌, 안중근의 동양평화론적 입장에서 보자.

한반도의 통일은, 한반도의 분단이 한반도의 의사를 따라 이루어진 것이 아니라 열강의 힘 대결로 생겨난 것인만큼, 한반도의 통일 또한 한반도의 자체적인 문제가 아니다. 한반도의 통일은 안중근이 구상한 동양 평화가 이루어져야 비로소 이루어질 수 있다. 남북한, 미국, 중국, 일본, 러시아의 협력이 필수적이다. 즉 안중근이 주장한 동양 평화의 결과로 한반도의 통일도 이루어질 수 있는 것이다. 이렇게 본다면, 안중근은 이미 100년 전에 동북아를 넘어 아시아 평화체제를 구상한 사상가이자 그 구체적인 실천방략까지 고민한 위대한 실천가였다고 할 수 있다.

그리고 그는 문명개화를 통해 실력을 닦는 것이 대한 독립의 전제조건이라고 생각한 문명개화론자이자, 동시에 일본의 보호정치가 한국의 문명개화가 아닌 국권침탈에 불과하다는 것을 깨달은 순간 바로 무장투쟁의 선두에 나선 행동가이기도 했다. 또한 제국주의 시대에 열강의 이해타산 속에서 만국공법이나 국제법이 한낱 공염불에 불과하다는 현실을 직시하고 있으면서도 자신이 먼저 포로에 관한 국제공법을 준수하고 본인도 국제법에 따라 정당하게 재판받기를 당당히 요구한 이상주의자였다.

어디 그뿐인가. 의병투쟁이 무력할 때 국제열강에 대한 충격요법으로 한국의 독립 의지를 천명하고 일본 침략의 부당성을 고발하기 위해 이토 히로부미를 저격하고, 공판과정에서도 개인의 운명보다는 거사의 목적을 세계 여론을 향해 알리는데 주력한 탁월한 전략가였다. 그리고 안중근은 청년기 이후 사회의 요구에 호응하면서 애국계몽운동과 독립전쟁을 전개한 구한말 대표적인 민족운동가였다. 근대 민족의식, 민권사상, 국권사상을 가지고 있던 투철한 사상의식을 가졌던 안중근은 조국이 식민지의 나락으로 떨어지는 현실을 타개하기 위해 애

국계몽운동을 한 교육자였으며, 의병투쟁에 직접 참가한 실천적 애국
독립투사였다.

그리고 그는 진정한 동양 평화를 위해 투신한 세계평화주의자이기
도 했다. 안중근은 민족 독립의 논리와 동양 평화의 논리를 불가분의

▲ 순국 직전의 안 의사

관계로 구조화함으로써 일본의 침략주의를 무력화시키고 민족 독립을 쟁취하고자 했다. 안중근은 자민족의 이익만을 추구하는 이기적이고 편협한 민족주의자가 아니라, 동북아의 평화와 공동 번영을 강조하며 지역 협력을 강조한 열린 민족주의자였다. 안중근은 한국독립운동의 영웅으로서 한국 민족주의의 상징이기도 하지만, 진정한 동양 평화의 주창자로서 국제평화주의자였다.

부록

國家安危
勞心焦思

동양평화론 관련 유묵

『동양평화론』은 이토 히로부미 암살 의거 후 1910년 중국의 뤼순 감옥에서 집필한 미완성의 글로, 안중근 의사가 1910년 3월 옥중에서 쓴 동양 평화 실현을 위한 미완성의 책이다. 뤼순 감옥에서 담담히 사형 선고를 기다리던 안중근은 필체가 좋아 많은 이에게 글씨를 남겼지만, 감옥에서 의연하게 『동양평화론』을 집필하여 일본 간수의 고개를 떨구게 하였다. 다음은 숭실대학교 박물관이 소장한 유묵이다.

東洋大勢思杳玄 有志男兒豈安眠 (동양대세사묘현 유지남아기안면)
和局未成猶慷慨 政略不改眞可憐 (화국미성유강개 정략불개진가련)

이것은 1910년 3월 안중근이 옥중에서 남긴 글씨로 칠언절구의 자작시다. 이는 "암담한 동양의 대세를 생각해보니 뜻을 이루지 못하고 죽음을 맞이해야 하는 기개 있는 남아가 편안하게 눈을 감을 수가 없구나. 게다가 아직 동양 평화의 시국을 이루지 못한 것이 더욱 개탄스럽기만 한데, 이미 야욕에 눈이 멀어 정략 즉 침략정책을 버리지 못하는 일본이 오히려 불쌍하다"라고 역설적으로 표현하고 있다.

이와 관련된 것으로 단국대학교 석주선기념박물관이 소장한 다음의 유묵 또한 안중근의 『동양평화론』과 연관된 글귀라고 할 수 있다. 중국 안위성 선성현에서 만들어진 품질이 우수한 선지(宣紙)에 2행 16자를 쓰고, 왼쪽에 "경술삼월(庚戌三月) 뤼순옥중(旅順獄中) 대한국인(大韓國人) 안중근서(安重根書)"라고 묵으로 쓴 글씨와 왼손 장인(掌印, 손바닥으로 찍은 도장)이 찍혀 있다.

欲保東洋先改政略 時過失機追悔何及(욕보동양선개정략 시과실기추
회하급)

이는 "동양을 보존하기 바란다면 우선 침략정책을 버려야 한다. 때가 지나고 기회를 잃으면 후회한들 무엇하랴!"라는 내용을 담고 있다.

이 유묵들은 일본 제국주의가 조선을 발판으로 침략의 야욕을 불태우던 1910년 경술년(庚戌年) 당시, 노골적으로 보이기 시작하는 침략정책의 잘못을 지적하고 고칠 것을 촉구하여 일본인 집정자들에게 경각심을 일깨우려 했던 것들이다. 이들 내용과 관련해 안 의사는 옥중에

서 『안응칠 역사』와 『동양평화론』을 지었다. 그중 자서전인 『안응칠 역사』는 완성되었지만, 논설 형식의 『동양평화론』은 '서문'과 '전감'만 지어졌고 나머지 '현상', '복선', '문답'은 목차만 제시된 채 미완성으로 남았다. 당시 안 의사가 이를 집필하기 위해 사형집행 날짜를 한 달쯤 늦추도록 고등법원장 히라이시에게 청하여 약속을 받아냈으나, 결국 그 약속은 지켜지지 않았다.

『동양평화론』의 서문에서 안 의사는 "만약 정략을 고치지 않고 핍박이 날로 심해지면, 차라리 다른 인종에게 망할지언정 차마 같은 인종 황인종에게 욕을 당할 수는 없다는 의론이 한국·청국 두 나라 사람의 마음속에 용솟음쳐 위·아래가 한 몸이 되어 스스로 여러 사람 앞에 나설 수밖에 없음이 불을 보듯 뻔한 형세이다. 그렇게 되면…(若政略不改 逼迫日甚則 不得已寧亡於異族 不忍受辱於同種 議論湧出於韓淸兩國人之肺腑 上下一體 自爲白人之前驅 明若觀火之勢矣. 然則…)"이라 하여 일제의 침략정책을 경고하며 자신의 생각과 뜻을 명확히 밝히고 있다. 세계정세에 민감하게 대응하는 논리가 엿보이는 내용이다.

출처 : 『한국민족문화대백과』, 안중근의 동양평화론, 한국학중앙연구원(1998년판)

인심결합론(人心結合論)

대저 사람이 만물보다 귀하다는 것은 다른 것이 아니라 삼강오륜을 알기 때문이다. 그러므로 사람이 세상에 처하되 첫째는 몸을 닦고 둘째는 집을 정돈하고 셋째는 나라를 보호하는 것이다. 그래서 사람은 몸과 마음을 서로 합하여 생명을 보호하고 집은 부모와 처자에 의해서 유지되고 나라는 국민상하의 단결에 의해서 보존되는 것이어늘 슬프다. 우리나라는 오늘날 이 같이 참담한 경지에 빠졌으니 그 까닭은 다른 것이 아니라 서로 화합하지 못한 것이 제일 큰 원인인 것이다. 이 불화하는 병의 원인은 교만병이다. 하 많은 해독이 교만으로부터 생겨나나니 소위 교만한 무리들은 저보다 나은 자를 시기하고 저보다 약한 자를 업신여기며 동등한 자는 서로 다투어 아랫사람이 안 되려하니 어찌 서로 결합함을 얻을 수가 있을 것인가.

그러나 교만을 바로잡는 것은 바로 겸손이다. 사람이 만일 각각 겸손함을 주장삼아 자기를 낮추고 남을 공경하여 남이 자기를 꾸짖는 것을 달게 받으며 자기가 남을 꾸짖는 것은 너그러이 하고 자기 공을 남에게 양보한다면 사람이 짐승이 아니어늘 어찌 서로 불화할 리가 있겠느냐. 옛날에 어느 나라 임금이 죽을 적에 자식들을 불러 경계해 말하되 "너희들이 만일 내가 죽은 뒤에 형제끼리 마음을 합하지 못하면 쉽게 남의 꺾임이 되려니와 마음을 합하기만 하면 어찌 남들이 꺾을 수 있으리오" 하였었다.

이제 고국산천을 바라보니 동포돌이 원통하게 죽고 죄 없는 조상의 백골마저 깨뜨리는 소리를 차마 듣지 못하겠다. 깨어라, 연해주(노령)에 계신 동포들아! 본국의 이 소식을 듣지 못했는가. 당신들의 일가친척은 모두 대한 땅에 있고 당신들의 조상의 분묘도 모국산하에 있지 않단 말인가. 뿌리가 마르면 가지 잎새도 마르는 것이니 조상의 같은 피의 족속이 이미 굴욕을 당했으니 내 몸은 장차 어떻게 하리오,

우리 동포들아! 각각 '불화' 두자를 깨뜨리고 '결합' 두 자를 굳게 지켜 자녀들을 교육하며 청년자제들은 죽기를 결심하고 속히 우리 국권을 회복한 뒤에 태극기를 높이 들고 처자권속과 독립관에 서로 모여 일심단체로 육대주가 진동하도록 대한 독립 만세를 부를 것을 기약하자!

이는 안중근 의사가 1908년 3월 8일 블라디보스토크 「해조신문」에 인심을 결합

하여 국권을 회복하자는 제목으로 기고했던 글을 이은상 씨가 번역하였다.

출처 : 안중근의사기념관

안중근 의사 어머니
조 마리아 여사의 편지

　네가 만약 늙은 어미보다 먼저 죽는 것을 불효라 생각한다면 이 어미는 웃음거리가 될 것이다. 너의 죽음은 너 한 사람의 것이 아니라 조선인 전체의 공분을 짊어지고 있는 것이다.

　네가 항소를 한다면 그것은 일제에 목숨을 구걸하는 짓이다. 네가 나라를 위해 이에 이른즉 딴맘 먹지 말고 죽으라. 옳은 일을 하고 받은 형이니 비겁하게 삶을 구하지 말고 대의에 죽는 것이 어미에 대한 효도이다.

　아마도 이 편지는 이 어미가 너에게 쓰는 마지막 편지가 될 것이다. 여기에 너의 수의를 지어 보내니 이것을 입고 가거라. 어미는 현세에서 너와 재회하기를 기대치 않으니 다음 세상에는 반드시 선량한 천부의 아들이 되어 이 세상에 나오거라.

안중근 의사가
어머니 조 마리아 여사께 드린 유서

어머님 전상서

예수를 찬미합니다.

불초한 자식은 감히 한 말씀을 어머님 전에 올리려 합니다.

엎드려 바라옵건대 자식의 막심한 불효와 아침저녁 문안인사 못 드림을 용서하여 주시옵소서.

이 이슬과도 같은 허무한 세상에서 감정에 이기지 못하시고 이 불초자를 너무나 생각해주시니 훗날 영원의 천당에서 만나 뵈올 것을 바라오며 또 기도하옵니다.

이 현세(現世)의 일이야말로 모두 주님의 명령에 달려 있으니 마음을 평안히 하옵기를 천만 번 바라올 뿐입니다. 분도(안 의사의 장남)는 장차 신부가 되게 하여 주시길 희망하오며, 후일에도 잊지 마시옵고 천주께 바치도록 키워주십시오.

이상이 대요(大要)이며, 그밖에도 드릴 말씀은 허다하오나 후일 천당에서 기쁘게 만나 뵈온 뒤 누누이 말씀드리겠습니다.

위 아래 여러분께 문안도 드리지 못하오니, 반드시 꼭 주교님을 전심으로 신앙하시어 후일 천당에서 기쁘게 만나 뵈옵겠다고 전해 주시기 바라옵니다. 이 세상의 여러 가지 일은 정근과 공근에게 들어 주시옵고 배려를 거두시고 마음 편안히 지내시옵소서.

- 아들 도마 올림

안중근 의사가
분도 어머니에게 부치는 글

예수를 찬미하오.

　우리들은 이 이슬과도 같은 허무한 세상에서 천주의 안배로 배필이 되고 다시 주님의 명으로 이제 헤어지게 되었으나 또 머지않아 주님의 은혜로 천당 영복의 땅에서 영원에 모이려 하오.

　반드시 감정에 괴로워함이 없이 주님의 안배만을 믿고 신앙을 열심히 하고 어머님에게 효도를 다하고 두 동생과 화목하여 자식의 교육에 힘쓰며 세상에 처하여 심신을 평안히 하고 후세 영원의 즐거움을 바랄 뿐이오.

장남 분도를 신부가 되게 하려고 나는 마음을 결정하고 믿고 있으니 그리 알고 반드시 잊지 말고 특히 천주께 바치어 후세에 신부가 되게 하시오.

많고 많은 말을 천당에서 기쁘고 즐겁게 만나보고 상세히 이야기할 기회가 있을 것을 믿고 또 바랄 뿐이오.

- 1910년 경술 2월 14일

장부 도마 올림

홍 신부님 전상서

예수를 찬미하옵니다.

자애로우신 신부님이시여,
저에게 처음으로 세례를 주시고
또 최후의 그러한 장소에 수많은 노고를 불구하고
특히 와주시어 친히 모든 성사를 베풀어 주신
그 은혜야말로 어찌 다 사례를 할 수 있겠습니까.

감히 다시 바라옵건데 죄인을 잊지 마시고
주님 앞에 기도를 바쳐 주시옵고,
또 죄인이 욕되게 하는 여러 신부님과

여러 교우들에게 문안드려 주시어

모쪼록 우리가 속히 천당 영복의 땅에서

흔연히 만날 기회를 기다린다는 뜻을 전해 주시옵소서.

끝으로 자애로우신 신부님이

저를 잊지 마시기를 바라오며

저 또한 결코 잊지 않겠습니다.

-1910년 경술 2월 15일

죄인 안도마 올림

대한국인 안중근 유묵

안중근의 유묵은 100여 년이 지난 작금까지 의사이자 구국의 독립
운동가, 평화주의자이자 사상가, 선비, 사나이 대장부로서의 전인격적
인 그의 면모를 되새겨 볼 수 있는 좋은 자료이다.

1. 보물로 지정된 유묵

1. **國家安危勞心焦思**(국가의 안위를 걱정하고 애태운다): 폭42cm, 길
   이152cm 명주천에 휘호되었다. 안 의사의 애국심이 집결된 유묵
   이다. 1993년 1월 13일 〈爲國獻身軍人本分〉 유묵과 함께 보물 제
   1150-1호(뒤에 제569-22호로 변경)로 지정되어 안중근의사기념관에 소

장, 전시되고 있다. 유묵 오른쪽에 '증안강검찰관(贈安岡檢察官)', 왼쪽에 '庚戌三月 旅順獄中 大韓國民 安重根 謹拜'라고 씌여 있다. 당시 뤼순법원 검사 야스오카 세이시로(安岡靜三郞)가 안 의사에게 친절하게 대해준 데 대한 보답으로 증정한 것으로, 야스오카 사후 장녀 우에노(上野俊子)가 소장하다가 1976년 2월 11일 동경국제한국연구원을 통해 안중근의사기념관에 기증했다.

2. **爲國獻身軍人本分**(나라를 위해 몸 바치는 것이 군인의 본분이다) : 폭 25.9cm, 길이 126.1cm 명주천에 휘호되었다. 안 의사의 숭고한 군인정신을 실증하는 유묵이다. 보물 제1150-2호(뒤에 제569-23호로 변경)로 지정되고 안중근의사기념관에 소장, 전시되고 있다. 안 의사가 뤼순 감옥에서 공판정을 오갈 때 경호를 맡았던 일본군 헌병 지바도시치에게 써준 것으로 안 의사의 인품과 사상에 감복한 지바는 제대 후 고향으로 돌아가서 안 의사의 사진과 이 유묵을 고이 봉안했다. 그의 사후에 부인과 질녀 미우가 쿠니코(三浦邦子)가 이어받아 1980년 8월 23일 동경국제한국연구원을 통하여 안중근의사기념관에 기증했다.

3. **見利思義見危授命**(이익을 보거든 정의를 생각하고 위태로움을 보거든 목숨을 바쳐라) : 폭 30.6cm, 길이 140.8cm 한지에 휘호되었다. 보물 제569-6호로 지정되었다. 동아대학교 박물관에 소장되어 있으며, 안

중근의사기념관에 사진본이 전시되고 있다. 안 의사의 의로운 생애를 상징한 명언으로 평가된다. 『논어』의 「헌문 편」에 "이익을 보거든 의를 생각하고, 위태로움을 보면 목숨을 바치고, 오래된 약속일지라도 전날의 자기말을 잊지 않고 실천하는 것이다"라고 한 공자의 말을 인용한 글이다.

4. 人無遠慮難成大業(사람이 멀리 생각지 못하면 큰일을 이루기 어렵다) : 폭 33.5cm, 길이135.8cm. 보물 제569-8호. 숭실대학교 한국기독교박물관에 소장, 전시되고 있다. 안중근의사기념관에 사진본이 전시되고 있다. 『논어』의 「영공 편」에 "사람은 멀리 생각하지 않으면 반드시 가까운 근심이 있다"고 한 공자의 말을 인용하면서 안 의사의 경륜을 표현한 글이다.

5. 百忍堂中有泰和(백번 참는 집안에 태평과 화목이 있다) : 폭 33.2cm, 길이 137.4cm. 보물 제569-1호. 강신종 소장, 안중근의사기념관에 사진본이 전시되고 있다. 선현들의 구전 글귀로 화락한 집안을 만들기 위해서는 '인내(忍耐)'가 필요하다는 뜻이다.

6. 庸工難用連抱奇材(서투른 목수는 아름드리 큰 재목을 쓰기 어렵다) : 폭 33.4cm, 길이 137.4cm. 보물 제569-7호. 국립중앙박물관 소장, 안중근의사기념관에 사진본이 전시되고 있다. 『통감』에 자사가 위왕

에게 "열아름의 가래나무는 썩은 부분이 있더라도 훌륭한 목수는 버리지 않는다"라고 한 말에서 인용되었다. 큰 인물이 아니면 뛰어난 인재를 기용하지 못한다는 뜻으로 해석된다.

7. **博學於文約之以禮**(글공부를 널리 하고 예법으로 이를 단속하라) : 폭 33.3cm, 길이 137.9cm. 보물 제569-13호. 안중근의사기념관에 소장, 전시되고 있다. 『논어』의 「안연 편」에 "널리 공부하며 예법으로 이를 단속하면 빗나가는 일이 좀처럼 없을 것이 아니냐"는 말에서 나온 글귀다. 박학과 예법을 강조한 안 의사의 수신철학이 담긴 유묵으로 여겨진다. 안 의사는 뤼순 감옥에 투옥된지 사흘 만인 1909년 11월 6일에 심문을 담당하는 검사에게 이토 히로부미의 죄악 15개조와 함께 제시한 '대한국인 안응칠 소회'에서 "무릇 문명이란 것은 동서양의 잘난이 못난이 남녀노소를 물을 것도 없이 각각 천부의 성품을 지키고 도덕을 숭상하며 서로 다투는 마음이 없이 제 땅에서 편안히 생을 즐기면서 함께 태평을 누리는 것이다"라고 이 뜻을 부연했다.

8. **歲寒然後知松栢之不彫**(눈보라 친 후에야 잣나무가 이울지 않음을 안다) : 폭 30.6cm, 길이 133.6cm. 보물 제569-10호. 안 의사의 자부 정옥녀가 소장하던 것을 안중근의사기념관에 기증해 전시되고 있다. 『논어』에 나오는 글귀로 안 의사의 옥중심경을 토로한 것으로 여겨진다. 추사 김정희가 제주 유배 당시 그린 〈세한도〉에도 이 글귀가 인용되었다.

9. **恥惡依惡食者不足與議**(궂은 옷, 궂은 밥을 부끄러워하는 자는 더불어 의
   논할 수 없다) : 폭 31cm, 길이 130.5cm. 보물 제569-4호, 박근혜 소장,
   사진본이 안중근의사기념관에 전시되고 있다. '가난하고 천한 것을
   결코 부끄러워하지 않는다'는 뜻으로 안 의사의 인생관이 반영된
   글귀로 여겨진다. 『논어』에 "선비로서 도(道)에 뜻을 두고 궂은 옷
   과 궂은 음식을 부끄럽게 여기면 더불어 이야기할 수 없다"라는 구
   절을 인용한 것이다.

10. **一日不讀書口中生荊棘**(하루라도 글을 읽지 않으면 입안에 가시가 돋친
    다) : 폭 34.9cm, 길이 147.7cm. 보물 제569-2호, 동국대학교 박물관
    소장, 안중근의사기념관에 사진본이 전시되어 있다. 선현들의 "하
    루의 독서는 천녕의 보배요, 백년 간 물질만 탐하는 것은 하루아침
    의 티끌과 같다"라는 글귀와 유사하다. 어려서 배웠을 이 같은 글귀
    를 안 의사는 촌철살인의 경구로 재구성했다.

11. **丈夫雖死心如鐵 義士臨危氣似雲**(장부가 비록 죽을지라도 마음은 쇠
    와 같고 의사는 위태로움에 이를지라도 기운이 구름 같도다) : 폭 31.7cm, 길
    이 135.4cm. 보물 제569-12호. 숭실대학교 한국기독교박물관에 소
    장, 전시되고 있다. 안중근의사기념관에 사진본이 전시되고 있다.
    143일 동안 뤼순 감옥에서 생활한 안 의사의 죽음을 두려워하지 않
    는 결연한 기상과 불굴의 호국애족 정신을 돋보이게 한다.

12. 年年歲歲花相以歲歲年年人不同(해마다 계절 따라 같은 꽃이 피건만 해마다 사람들은 같지 않고 변한다) : 폭 41.3cm, 길이 109.6cm. 보물 제569-3호. 민병도 소장, 안중근의사기념관에 전시되고 있다. 자연의 섭리는 세월이 가도 그냥 그대로 있건만 사람들은 세월 따라 변화하고 있다는 뜻으로 암울해져 가는 세태를 걱정하는 글귀다.

13. 思君千里 望眼欲穿 以表寸誠 幸勿負情(님 생각 천 리 길에 바라보는 눈이 뚫어질 듯 하오이다. 이로써 작은 정성을 바치오니 행여 이 정을 저버리지 마소서) : 폭31.5cm, 길이 96.3cm. 보물 제569-11호. 오만기 소장, 사진본이 안중근의사기념관에 전시되고 있다. 조국을 위해 목숨을 바친 안 의사의 우국충절의 절시다. 조선조 정철의 가사 〈사미인곡〉에서 임금에 대한 간절한 충절을 한 지아비를 사모하는 여인의 마음에 비유하면서 자신의 충성을 표현한 것과 방불한 기법이나 그보다도 월등한 애국열정을 담고 있다 할 것이다.

14. 五老峯爲筆 三湘作硯池 青天一丈紙 寫我腹中詩(오로봉으로 붓을 삼고 삼상의 물로 먹을 갈아 푸른 하늘 한 장 종이 삼아 뱃속에 담긴 시를 쓰련다) : 폭 31.8cm, 길이 138.4cm. 보물 제569-9호. 홍익대학교 박물관 소장, 안중근의사기념관에 사진본이 전시되고 있다. 장부의 기개가 충천하는 글귀로 안 의사의 호연지기를 느낄 수 있다. 중국 이백의 오언절구라고 전한다, 안 의사는 자서전 『안응칠 역사』에서

스스로 청소년 시절 가장 즐기던 것이 "첫째, 친구와 의를 맺는 것이요. 둘째, 술 마시고 노래하고 춤추는 것이요. 셋째, 총을 들고 사냥하는 것이요. 넷째, 준마를 타고 달리는 것이다" 라고 했듯이 의리와 호방한 기개를 갖춘 상무의 기상을 지녔다.

15. 東洋大勢思杳玄　有志男兒豈安眠　和局未成猶慷慨　政略不改眞可憐(동양대세 생각하매 아득하고 어둡거니 뜻 있는 사나이 편한 잠을 어이 자리. 평화 시국 못 이룸이 이리도 슬픈지고 정략(침략전쟁)을 고치지 않으니 참으로 가엾도다) : 폭 36cm, 길이 138.5cm. 보물 제569-5호. 김선량 목사가 소장하던 것으로 숭실대학교 기독교박물관에 기증, 전시되고 있다. 안중근의사기념관에 사진본이 전시되고 있다. 안 의사의 『동양평화론』을 가장 집약적으로 표현한 명시라고 할 수 있다. 전하는 말로는 사형집행을 며칠 앞두고 취조관의 한 사람인 사카이 경시가 『동양평화론』을 완성하지 못할 것을 알고 안 의사에게 『동양평화론』의 결론만이라도 써 달라고 청하자 안 의사가 서슴지 않고 써준 것이라 한다.

16. 欲保東洋先改政界　時過失機追悔何及(동양을 보호하려면 먼저 정계를 고쳐야 한다. 때를 놓쳐 실기하면 후회한들 무엇하리오) : 보물 제 569-21호. 단국대학교 박물관에 소장되어 있다. 동양 평화를 이루기 위해서는 지금 일본의 침략정책을 고치지 않으면 시기를 놓쳐 후일 후

회해도 소용없다는 안 의사의 지론을 나타낸 글귀이다.

17. 孤莫孤於自恃(스스로 잘난 체하는 것보다 더 외로운 사람은 없다) : 폭 74.9cm, 길이 39.7cm. 보물 제 569-1호. 한중호 소장, 사진본이 안 중근의사기념관에 전시되고 있다. 평소 남에게 과시하지 않는 안 의사의 겸손한 성품이 표현된 휘호이다.

18. 忍耐 : 폭 72.1cm, 길이 26.8cm. 보물 제569-18호. 김성섭 소장, 안 중근의사기념관에 사진본이 전시되고 있다. '참고 견딘다'는 것은 안 의사의 평생 좌우명이었을 것이다. 일찍이 한학을 수학하면서 체득한 이 명구는 안 의사가 동학농민군 진압에 가담한 이후, 구국 계몽운동에 이어 의병활동, 하얼빈 의거, 뤼순 옥중투쟁, 순국의 순 간까지 일관되게 관통한 엄한 계율이었다고 할 수 있다.

19. 第一江山 : 폭 96.6cm, 길이 38.6cm. 보물 제569-14호, 김선량 목사 소장으로 숭실대학교 한국기독교박물관에 기증, 전시되고 있다. 금 수강산 삼천리 한반도에 대한 사랑과 조국애가 반영된 유묵이다.

20. 極樂 : 폭 67cm, 길이 33.3cm. 보물 제569-19호. 원래 강신종 소유 로 안중근의사기념관에 기증, 전시되고 있다. 안 의사의 신앙과 종 교관이 깃든 글귀다.

21. 仁智堂(어질고 지혜로워야 한다는 뜻의 당호) : 폭 67cm, 길이 37.6cm. 보물 제569-17호. 임병천이 소장하고 있다.

22. 雲齋 : 보물 제569-20호, 안중근의사기념관에 소장, 전시되고 있다

23. 靑草塘 : 보물 제569-15호. 민장식 소장, 안중근의사기념관에 사진본이 전시되고 있다.

24. 天興不受反受其殃耳(하늘이 주는 것을 받지 않으면 도리어 벌을 받는다) : 폭 31.7cm, 길이 135cm. 보물 제 569-24호. 강윤호 소장, 안중근의사기념관에 사진본이 전시되고 있다. 안 의사는 이토 히로부미가 스스로 하얼빈에 온 것을 하늘이 준 기회로 확신하고, 1909년 10월 26일 하얼빈 의거를 감행하였다.

2. 보물로 아직 지정되지 않은 유묵 및 사진본으로만 알려진 유묵

1. 志士仁人殺身成仁(지사와 어진 사람은 몸을 죽여 인을 이룩한다.) : 폭 40cm, 길이 150cm. 일본인이 소장하고 있는 이 유묵은 나카노 야쓰오 교수가 사진본을 보내와 안중근의사기념관에 전시되어 있다. 『논어』에 "지사와 어진 사람은 살기 위해 인을 이룩한다" 는 공자의

말을 인용한 글귀다. 안 의사는 유가의 네 가지 덕목 중 '의(義)'를 가장 중시했지만 인(仁), 예(禮), 지(智)에 관한 유묵도 남겼다. 이는 바로 성인(成仁)에 대한 안 의사의 심회가 담긴 글귀이다.

2. **戒愼乎其所不睹**(아무도 보지 않는 곳에서 근신한다) : 폭 40cm, 길이 150cm. 일본 정심사(淨心寺) 소장. 안 의사가 뤼순 감옥 수감 시 본원사(本願寺) 소속의 승려 진전해순(津田海純)이 감옥에 근무했던 인연으로 입수해 전승된 것 같다. 『중용』의 "군자는 보이지 않는 데를 경계해서 삼가며 그 들리지 않는 곳을 두려워한다"는 구절에서 인용한 말이다. 하늘의 이치는 잠시도 쉬지 않고 운행하기 때문에 큰 뜻을 이루려는 사람은 보이지 않는 곳, 들리지 않는 곳에서조차 감히 소홀한 마음을 가져서는 안 되고 도리어 경계해서 삼가야 된다는 뜻이다.

3. **天堂之福永遠之樂**(천당의 복은 영원한 즐거움이다) : 이 유묵은 일본 동경의 이생미술관 소장으로 사진본이 안중근의사기념관에 전시되고 있다. 안 의사는 19세때 부친을 따라 천주교에 귀의해 세례를 받은 후, 32세때 뤼순에서 순국할 때까지 일편단심 모든 것을 천주께 바치는 깊은 신앙으로 일관했다. 천당의 존재와 신앙에 대해서 자서전 『안응칠 역사』에서 "상은 천당의 영원한 복이요, 벌은 지옥의 영원한 고통으로서, 천당에 오르고 지옥에 떨어지는 것은 한 번

정하고 다시 변동이 없는 것이요"라고 확신하고 있다. '천당영복'의 말은 안 의사가 순국 직전 모친과 부인, 홍 신부 등에 보내는 유서에서도 언급되고 있다.

4. **釼山刀水慘雲難息**(검산과 칼물에 처참한 구름조차 쉬기 어렵다) : 폭 30cm, 길이 102cm. 침략전쟁을 일삼는 국제정세를 풍자한 글이다. 안 의사의 자부 정옥녀가 소장, 안중근의사기념관에 사본이 전시되고 있다.

5. **喫蔬飲水藥在其中**(나물 먹고 물 마시니 그 속에 낙이 있다) : 폭 26.5cm 길이 133cm. 일본인이 소장하고 있는 이 유묵은 현재 안중근의사기념관에 사본이 전시되고 있다. 『논어』의 "거친 밥을 먹고 물 마시고 팔을 굽혀 베개 삼으니 즐거움이 그 안에 있다. 의롭지 못한 부귀는 내게는 뜬구름과 같다"에서 인용한 글이다. 부귀를 부러워하지 않는 탈속의 심사가 표현된 글이다. 안 의사의 온 생애를 보더라도 부귀는 한낱 뜬구름에 불과했다.

6. **貧而無諂富而無驕**(가난하되 아첨하지 않고 부유하되 교만하지 않는다) : 폭 32cm, 길이 137cm. 일본 덕부노화기념관에 소장되어 있고, 안중근의사기념관에 사진본이 전시되고 있다. 『논어』에 자공이 "가난해도 아첨하지 않고 부유해도 교만하지 않으면 어떻겠습니까"라

고 공자에게 묻자 공자가 "옳다. 그러나 가난하면서 즐기는 것만 같지 못하고 부하면서도 예를 좋아하는 것만 못하다"라고 대답한 대목에서 인용한 글귀다.

7. **弱肉强食風塵時代**(강한 자가 약한 자를 잡아먹는 풍진시대다) : 일본에서 국제한국연구원 원장 최서면이 확인, 안중근의사기념관에 사진본을 보내와 전시되고 있다. 제국주의의 약소국 침략을 풍자한 글귀라 할 수 있다.

8. **白日莫虛度 靑春不再來**(세월을 헛되이 보내지 말라. 청춘은 다시 오지 않는다) : 폭 31cm, 길이 145cm. 정석수 소장, 안중근의사기념관에 사진본이 전시되고 있다. 안 의사의 성실한 인생철학을 나타낸 글귀로 해석된다.

9. **黃金百萬而不如一敎子**(황금 백만 냥도 자식 하나 가르침만 못하다) : 폭 35cm, 길이 150cm. 일본에서 재일교포 김주억이 확인, 사진본을 보내와 안중근의사기념관에 전시되고 있다. 『명심보감』에 나오는 "황금 한 궤짝이 자식에게 경서 한 권 가르치는 것만 못하다"라는 말과 같은 뜻이다. 안 의사의 뛰어난 문장력이 엿보이는 글귀다.

10. **言語無非菩薩 手段擧皆虎狼**(말은 보살 아닌 것이 없건만 하는 짓은 모

두가 사납고 간특하다) : 일본에서 최서면이 확인, 안중근의사기념관
에 사진을 보내와 전시되고 있다. 일제가 대한제국을 위협하여 체
결한 한일의정서를 비롯해 을사늑약, 정미7조약 등 일련의 외교적
침략행위가 다 겉으로는 대한제국의 독립과 인민의 보호를 위한
것이라고 표방하면서도 내용은 한국을 그들의 식민지로 만들고자
하는 침략행위라는 것을 비판하고 있는 글귀로 생각된다.

11. 年年點檢人間事 惟有東風不世情(해마다 세상일 헤아려보니 다만 동
쪽 바람만이 세태를 따르지 않도다) : 조선총독부 관리를 역임한 일본인
의 후손이 간직하고 있는 것을 최서면이 확인, 사진본을 보내와 안
중근의사기념관에 전시되고 있다. 조국이 위태로워지고 있는데 동
풍이 불어 친일파만 늘어나는 세정을 한탄한 글귀로 여겨진다.

12. 日通青話公(청나라 말을 할 줄 아는 일본인 통역관) : 폭 37cm, 길이
41.1cm. 소재가 불명한 이 유묵은 오른쪽에 '증 청전 선생' 이라고
기입되어 있다. 안중근의사기념관에 사진본이 전시되고 있다.

13. 日出露消兮 正合運理 日盈必昃兮 不覺其兆(해가 뜨면 이슬이 사
라지나니 천지의 이치에 부합되도다. 해가 차면 반드시 기우나니 그 징조를 깨
닫지 못하는도다) : 폭47cm, 길이 143cm. 안중근의사숭모회 황명수
이사가 일본에서 확인하고, 사진본이 안중근의사기념관에 전시되

고 있다. 우주순행의 원리를 비유하여 침략전쟁을 감행한 일제의 패망을 예언한 풍자시다.

14. 臥病人事絶 嗟君萬里行 河橋不相送 江樹遠含情(나는 병석에 누워 일어나지 못하고 그대는 만리 먼 길 떠나가는가. 다릿목에 같이 나가 보낼 길 없고 강언덕 나무숲에 정만 어렸도다) : 일본에서 최서면이 확인, 사진본을 보내와 안중근의사기념관에 전시되어 있다. 중국 당나라 시인 송지문의 『별두심언(別杜審言)』에서 인용한 구절로 송지문과 두보의 할아버지인 두심언 간의 우정과 이별의 심정을 5언 절구로 표현하였다. 뤼순 옥중의 안 의사의 심회와 일치하여 휘호하였을 것이다.

15. 山不高而秀麗 水不深而澄淸 地不廣而平坦 林不大而茂盛(산은 높지 않으나 수려하고 물은 깊지 않으나 청결하고 땅은 넓지 않으나 평탄하고 숲은 크지 않으나 무성하다) : 폭 34.5cm, 길이 136cm. 공창교가 재일교포로부터 인수, 소장하고 있다. 사진본이 안중근의사기념관에 전시되고 있다. 금수강산 조국을 6언 절구로 읊은 시다.

16. 貧與賤人之所惡者也(가난해도 천한 것은 사람들이 싫어한다) : 폭 42cm, 길이 120cm. 안 의사가 순국한 뤼순 감옥에 소장되어 있다. 사진본이 안중근의사기념관에 전시되고 있다. 안 의사의 빈부귀천에 대한 올바른 생활철학이 간결하게 표현된 유묵이다. 『논어』에

"부귀는 누구나 탐내는 것이나 올바른 도리로 얻은 것이 아니면 누리지 말며, 사람마다 가난과 천함은 싫어하는 바이지만 그 도(道)로 얻음이 아니더라도 버리지 말고 감수하라" 라는 글귀에서 인용된 것이나 간결한 재구성의 표현이 돋보인다.

17. 敬天 : 폭 67cm, 길이 34.5cm. 부산 자비사 박삼중 주지가 일본에서 확인, 국내에 소개한 것이다. 경전의 '경천애인'에서 인용한 것으로 일제의 침략을 질타하는 뜻이 담겼다.

18. 百世淸風 : 국내에 사진본이 소개되고 있다. 이 문구는 정의로운 세계가 실현되기를 바랐던 안 의사의 염원이 담긴 것으로 해석된다.

19. 自愛室('스스로를 아끼는 집'이라는 뜻이다) : 사진본만이 전해지고 있고, 소재가 불분명하다.

20. 一勤天下無難事(부지런하면 천하에 어려운 것이 없다) : 안 의사의 순국일인 1910년 3월 26일자 「만주일일신문」에 사진본으로 보도된 것으로 안 의사 유묵으로는 최초로 세상에 알려진 것이다. 원본의 전래 여부는 확인되지 않는다. 안 의사의 성실한 인생관이 투영된 휘호로 '百忍堂中有泰和'와 짝을 이루는 글귀라고 할 수 있다.

21. **人類社會代表重任**(인류사회의 대표는 책임이 무겁다) : 안 의사의 자서전 『안응칠 역사』와 미완의 『동양평화론』 필사본을 간직한 히치죠 기요미의 딸 앨범 속에 사진본으로 남아 있는 휘호다. 안중근의사 기념관에 전시되고 있다.

22. **不仁者不可以久處約**(어질지 못한 자는 궁핍한 곳에서 오래 견디지 못한다) : 폭 40cm, 길이 150cm. 일본 정심사 소장. 『논어』에서 인용한 글귀다. 안 의사의 어진 성품과 인내심을 엿볼 수 있는 휘호로 평가된다.

23. **敏而好學不恥下問**(민첩하고 아랫사람에게 묻는 것을 부끄러워 말라) : 폭 40 cm, 길이 150cm. 일본 정심사 소장. 『논어』에서 인용했다. 상무 기질을 갖고 있었던 안 의사지만, 학문을 중시하였음을 보여주는 글귀다.

24. **日韓交誼善作昭介**(한일 간의 교의는 소개가 잘 되어야 한다) : 안 의사의 하얼빈 의거 직후부터 순국할 때까지 모든 통역을 전담하다시피한 통역 소노키에게 써준 휘호다. 소노키가 소장했던 안 의사 관련 신문 스크랩철 및 관련 사진과 함께 그의 유족이 소장하고 있다. 국제학국연구원장 최서면이 확인, 보도했다. 원본의 전래 여부는 확인되지 않고 있다.

25. **通情明白光照世界**(통정을 명백히 하면 세계를 밝게 밝힐 것이다) : 「만주일일신문」 1910년 3월 27일에 사진본으로 게재되어 세상에 소개되었다. 원본의 전래 여부는 확인되지 않고 있다.

26. **澹泊明志寧靜致遠**(담백한 밝은 뜻이 편안하고 고요하여 오래 전수된다) : 「조선일보」 조사부에 사진본이 소장되어 있다. 유묵 소재와 진부 여부를 확인 중이다.

27. **臨敵先進爲將義務**(적을 맞아 먼저 전진하는 것이 장수의 의무이다) : 명주천에 휘호된 이 유묵은 진해 해군사관학교 박물관에 소장, 전시되고 있다. 군 지휘관의 의무를 간결하게 표현한 글귀다.

28. **臨水羨魚不如退結網**(물에 다다라 고기를 부러워함은 물러가서 그 물을 뜨는 것만 못하다) : 구 관동도독부 법원 율사 집안에서 최서면이 확인, 사진본이 공개된 것이다. 안 의사의 '실천하는 의지'를 엿볼 수 있는 글귀다. 이 글귀가 휘호된 사실은 계봉우의 「만고의사 안중근 전」에서도 확인된다.

29. **長歎一聲 先弔日本**(장탄 일성으로 먼저 일본의 멸망을 조상한다) : 폭 40cm, 길이 230cm가량으로 명주천에 휘호되었다. 구 대만총독부 관리를 역임한 집안에 전래하는 유묵으로 근래 김광만이 확인, 국

내에 사진본이 소개되었다. 진위 여부와 전래 과정 등을 확인 중이
다. 내용은 특이하게 '일본 멸망을 조상' 하는 뜻을 담고 있다.

30. 獨立 : 폭 63cm, 길이 33cm. 일본에 있다. 상세한 것은 확인 중이
다. 안 의사는 구국운동 중 동지 11인과 '단지동맹'을 통해 단지동지
회를 결성할 때도 태극기에 '大韓獨立'이라고 혈서했다.

안중근 의사 연보

1879년(1세) : 9월 2일(음력 7월 16일) 황해도 해주부 수양산 아래 광석동에서 부, 안태훈과 모, 조 마리아 사이에서 3남 1녀 중 장남으로 태어나다. 태어날 때 배와 가슴에 북두칠성 모양의 7개 흑점이 있어 북두칠성의 기운을 받고 태어났다고 하여 아명을 응칠이라고 하다. 1907년 망명 후에 이 이름으로 활동하다.

　본관이 순흥으로 고려조 명헌 안향의 26대 자손이며, 황해도 해주부에 10여 대가량 세거한 향반으로 조부 안인수는 진해 현감을 지냈으며, 부 안태훈은 성균진사이다. 고조부 때부터 해주, 봉산, 연안 일대에 많은 전답을 장만하여 황해도에서 이름난 부호가문으로 알려져 있으며, 그것은 부친 때까지도 이어졌다.

1884년(6세) : 부친 안태훈, 박영효가 주도하던 개화파에서 일본에 파견할 70명의 유학생 일원으로 선발되다. 그러나 갑신정변(1884)의 실패로 수구파 정권의 탄압 대상이 되자 안태훈은 고향으로 은거하다.

1885년(7세) : 일가가 해주를 떠나 신천군 두라면 천봉산 밑 청계동으로 이사하다. 조부의 사랑을 받으며 집안에 마련된 서당에서 학문을 수학하고 사서삼경과 자치통감 9권, 조선사, 만국역사 등을 읽다. 그러는 한편 포수군들을 따라 사격술을 익히고 사냥을 즐기다.

1886년(8세) : 동생 안정근 출생하다.

1889년(11세) : 동생 안공근 출생하다.

1892년(14세) : 조부 안인수 사망. 애통하여 병이 나 반년 간 치병하다.

1894년(16세) : 황해도 재령군 거주 향반 김홍섭의 딸 김아려(17세)와 결혼하다. 황해도에서 동학농민군이 소요를 일으키자 부친 안태훈이 신천의려군을 조직해 그들과 전투를 벌이다. 부친을 도와 자진해 선봉장이 되어 적장소를 급습하고 큰 공을 세우다. 이때 붉은 옷을 입고 있어 적당이 달아나면서 '天降紅衣將軍(하늘에서 내려온 홍의장군)'이라 칭하다. 안태훈, 동학당에게 노획한 천여 석의 쌀을 군량미로 사용하다.

　동학군의 해주성 공격의 선봉장 김구가 패전, 피신 중 안태훈의 초청으로 청계동에서 40~50일간 은거생활을 하다. 김구와 상봉하다.

1895년(17세) : 안태훈이 동학군에게 노획한 천여 석의 양곡을 군량미로 사용한 것이 문제가 되어 탁지부 대신 어윤중과 전 선혜청 당상 민영준으로부터 양곡을 상환하라는 압박을 받았으나 개화파 김종한의 중재로 일시 무마되다. 안중근 의사 무예를 익히며 무인의 기상을 높이다.

1896년(18세) : 민영준이 다시 양곡 상환문제를 들고 나오자 신변의 위협을 느낀 안태훈은 천주교 종현성당(지금의 명동성당)으로 피신, 천주교 교리를 습득하다. 민영준의 일이 마무리되자 안태훈은 120권의 천주교 교리문답을 가지고 청계동으로 돌아와 주민들과 인근 유지들에게 나누어 주며 전도활동을 시작하다. 안태훈은 매화동 본당의 빌렘 신부를 신천군 두라면 청계동으로 초빙하다.

1897년(19세) : 1월 중순 빌렘 신부로부터 토마스란 세례명으로 세례를 받다. 이때 그의 부친을 비롯 숙부, 사촌 등 일가친척과 청계동 및 인근 마을 사람 33명이 함께 세례를 받다. 이 해 말경 청계동을 사목 방문한 뮈텔 주교를 해주까지 수행하다.

1898년(20세) : 4월 하순, 청계동 본당이 설립되고 빌렘 신부가 청계동 본당 신부로 오다. 교회활동에 헌신하다. 서울에 가서 친구들과 더불어 거리를 걸어가다가 한 일본인이 말을 타고 지나가던 한국 사람을 강제로 끌어내리고 말을 탈취하려고 하는 장면을 목격하다. 이때 그 약탈자의 얼굴을 치면서 권총을 뽑아 그의 배에 갖다대고 그를 크게 꾸짖어 승복시키다.

1899년~1904년(21~26세) : 전 참판 김중환이 옹진 군민의 돈 5천 냥을 갈취한 문제 해결을 위한 총대로 선출되다. 뮈텔 주교에게 대학 설립을 건의하였으나 거절당하고 프랑스어 학습을 중단하다. 교우들을 일방적인 성직자의 권위로 제압하는 빌렘 신부에 대항하여 서울의 뮈텔 주교에게 하소연하려다 빌렘 신부에게 구타를 당하다. 이때 굴욕을 참고 신부에게 대들지 않고 곧 화해하다. 1902년 장녀 현생 출생, 만인계 채표회사 사장 취임하다.

1905년(27세) : 신문, 잡지, 각국 역사등을 읽으면서 정치사상과 독립 정신을 높이던 중 러일전쟁에서 승리한 일제가 한국의 주권을 침탈하려는 의도를 드러내자 부친과 상의해 중국 상해와 산동반도를 유심히 관찰하다. 상해에서 민영익을 2~3차례 방문했으나 만나지 못하고, 상인 서상근을 찾아가서 구국의 방도에 대하여 논의했으나 동의를 얻지 못하다. 상해의 천주교당에서 우연히 만난 안면이 깊은 르각 신부의 권유로 교육의 발달, 사회의 확장, 민심의 단합, 실력의 양성 등 4가지에 힘써야 함을 깨닫고 진남포로 돌아오다.

일가가 교통 요충지인 진남포로 이사하던 중 부친이 재녕에서 병사하다. 가족들과 청계동에 돌아가 장례를 치르고 가족들과 함께 그 해 겨울을 보내다. 장남 분도 출생하다. 그러나 1914년 망명지 북만주 무린에서 어릴 때 일제에 의해 독살되었다.

1906년(28세) : 일가가 진남포로 이사하고, 육영사업에 헌신하다. 진남포에서 삼흥학교, 프랑스 신부가 경영하던 천주교 계통의 돈의학교의 재정을 맡으면서 2대 교장에 취임하였으며, 이 무렵 서우학회(뒤에 서북학회로 개칭)에 가입하다

1907년(29세) : 봄에 안태훈과 친분이 있던 김진사가 안중근을 찾아와서 간도, 노령 등 해외에서의 독립운동을 권하다. 안중근은 재정을 마련하고자 한재호와 송병운 등과 함께 '삼합의'라는 석탄회사를 만들었으나 일본인의 방해로 수천 원의 손해를 보다. 국채보상운동에 적극 참여하다. 차남 준생 출생하다.

서울에서 군대 해산을 목도하고 국외활동을 통해 새로운 진로를 모색하고자 원산에서 선편을 이용하여 블라디보스토크으로 가려 했으

나 청진에서 일제 임검경관에게 발각되어 하선하다. 이에 다시 육로로 함북 회령을 경유하여 두만강을 건너 8월 16일 북간도 용정에 도착하다. 용정을 중심으로 북간도 일대를 3개월 동안 시찰하면서 애국계몽운동을 일으키려 하였지만, 총감부간도파출소가 설치되어서 여의치 않아 10월 20일에 연추를 지나 블라디보스토크로 향하다. 블라디보스토크에 도착해 계동청년회에 가입하고 임시 사찰로 활약하며 한인사회의 유력자들에게 의병부대 창설에 대한 설득 작업을 시작하고, 이 과정에서 엄인섭, 김기룡 등과 의형제를 맺다.

1908년(30세) : 연해주의 한인촌을 순회하면서 동의회 회원을 모집하기 위해 유세작업을 벌이다. 이에 다수의 한인들이 호응하여 무기, 자금 등을 지원하자 마침내 국외 의병부대를 조직하여 총독에 김두성, 총대장에 이범윤을 추대하고, 안중근은 참모중장의 임무를 맡다. 군기 등을 비밀히 수송하여 두만강 근처에서 모인 후 국내 진입작전을 도모하다.

7월(음력 6월), 안중근등 여러 의병장이 대를 나누어 두만강을 건너 함경북도 경흥 부근 홍의동과 신아산 부근으로 진공하다. 몇 차례 승첩을 올리고 일본 군인과 상인등을 생포하는 전과를 올리다. 만국공법에 의거하여 포로들을 석방하면서 무기까지 내주다. 석방한 포로들에 의해 일본군에게 위치가 노출되면서 기습 공격을 받고 회녕, 영산에서 일본군과 약 4~5시간 큰 접전을 벌였으나 중과부적으로 패퇴

하다.

수 명의 의병과 함께 일본군을 피해 달아나면서 열이틀 동안 단 두 끼만 겨우 얻어먹는 등 곤경을 겪으면서 연추의 의병 본거지로 돌아가다. 일본군을 피해 도망가는 동안 안중근이 2명의 의병에게 대세를 주다.

블라디보스토크에서 의병의 재기를 도모했으나 여의치 못하자 수청, 하바로프스크 등을 순회하면서 각지 한인사회의 교육과 사회 조직 건설에 힘쓰다. 특히 기선을 타고 흑룡강 상류 수천 여리를 시찰하다. 그러던 중 어느 산골짜기에서 일진회 회원들에게 잡혀서 구타를 당하고 죽음의 위기에서 간신히 풀려나 친지집에서 상한 곳을 치료하며 그해 겨울을 지내다.

이 무렵 1906년경부터 1907년 초까지 진남포에서 운영해 오던 삼홍학교가 심각한 재정난에 직면하여 진남포의 오성학교의 야학부로 재편되다. 8월 20일 황해, 평안 양도의 50여 학교 5,000명의 학생들이 모인 가운데 개최된 연합운동회에서 1906년부터 1907년까지 안중근이 재건에 힘쓴 진남포의 돈의학교가 우등을 차지하다.

1909년(31세) : 3월 5일경(음력 2월 7일경), 연추 하리에서 11명의 동지와 함께 모여 왼손 무명지를 끊어 그 피로 '대한독립'이라는 네 글자를 쓰고 '대한 독립 만세!'를 세 번 외치며 하늘과 땅에 맹세하고 조국의 독립 회복과 동양 평화 유지를 위해 헌신하는 동의단지회를 결성하다. 안중근 의사가 회장에 선임, 회무를 주관하다. 단지혈맹동지 12명인은 안응칠(31세), 김기룡(30세), 강순기(40세), 정원주(30세), 박봉석(32세), 유치홍(40세) 조응순(25세), 황병길(25세), 백규삼(27세), 김백춘(25세), 김천화(26세), 강창두(27세)이다.

3월 21일, 「해조신문」에 '안응칠'이란 이름으로 인심을 단합하여 국권을 회복하는 방략을 다룬 인심결합론을 발표하다.

10월 초, 블라디보스토크에서 소문과 신문을 통해 이토 히로부미가 22일경 하얼빈에 도착한다는 사실을 알게 되어 의거를 결심하다. 안중근은 우덕순과 동행 의거를 제의하고, 우덕순도 쾌히 동의하다.

10월 21일, 아침 8시 30분발 기차를 타고 우덕순과 블라디보스토크을 떠나 하얼빈으로 향하던 중 포브라니치나야에서 통역을 맡아줄 유동하와 만나 동행하다.

10월 22일, 하얼빈에 도착하여 김성백의 집에서 유숙하고 다음날 조도선을 찾아가서 함께 의거를 도모하다. 「대동공보」 주필 이강에게 의거 결행과 자금에 관한 편지를 쓰고, 의거의 결의를 읊은 〈장부가〉를 짓자 우덕순도 이에 화답하는 〈거의가〉를 짓다.

10월 23일, 김성백의 집에서 이토의 만주 방문 기사가 게재된 「원동보」를 읽다. 오전에 이발을 하고 우덕순, 유동하와 함께 중국인 사진관에서 사진을 찍다. 김성옥 집에 유숙하던 조도선을 방문, 정대호가 안중근 가족을 대동하고 하얼빈에 오는 것을 마중하기 위해 통역이 필요하다고 요청하다. 이날 저녁 안중근은 거사자금 차용과 관련, 김성백에게 50원을 부탁하기 위해 유동하를 보내다. 이때 유동하가 갚을 방법을 요구하자 이강에게 거사 계획과 차용금을 갚아 달라는 편지를 안중근, 우덕순 이름으로 연명하다.

10월 24일, 아침에 우덕순, 조도선 유동하와 함께 하얼빈 역으로 가서 역의 관리를 통해 러청열차가 서로 바뀌는 정거장이 채가구 등지임을 알게 되다. 유동하는 남아서 연락을 담당하고, 우덕순, 조도선과 함께 채가구 역에 이르러 하차하다. 이토 히로부미가 10월 26일 아침 6시경에 채가구 역을 지날 것이라는 사실을 정거장 사무원을 통해 확인하다.

10월 25일, 의거의 만전을 위하여 채가구 역을 의거의 한 지점으로 정하여 우덕순, 조도선등에게 맡기고, 자신은 하얼빈으로 돌아와 하얼빈 역을 의거지로 작정, 의거 준비를 하다.

10월 26일(음력 9월 13일), 채가구에서 의거를 도모하던 우덕순, 조도선은 러시아 경비병이 수상히 여겨, 열차가 지나가는 시각에 그들이 투숙한 역 구내 여관의 문을 잠그는 바람에 방안에 갇혀 의거에 실패하다.

안중근 의사 오전 7시경 역으로 나가 삼엄한 경비망을 뚫고 역사 안 찻집에서 이토 히로부미의 도착을 기다리다. 오전 9시 15분경 이토 히로부미를 태운 특별열차가 하얼빈 역에 도착하자 러시아 코코프체프 대장대신이 기내 영접을 하다. 약 20분 뒤 이토 히로부미가 수행원을 거느리고 코코프체프의 안내를 받으며 열차에서 내려 도열한 의장대를 사열하고 이어 각국 사절단 앞으로 나아가 인사를 받기 시작하다.

안중근 의사는 9시 30분경 러시아 의장대 뒤쪽에 서 있다가 약 10여 보의 거리를 두고 선 자세로 브라우닝 권총을 발사하여 이토 히로부미에게 3발을 명중시키고, 그를 수행하던 하얼빈 총영사, 비서관, 만주철도 이사 등에게 부상을 입히다. 치명상을 입은 이토 히로부미는 곧 러시아 장교들과 일본인 수행원들에 의해 열차 내로 옮겨져 응급처치를 받았으나 약 20분 후에 69세로 절명하다.

의거 직후 러시아 헌병에 의해 체포되자 "코리아 우라(대한민국 만세)!"를 3번 외치고 하얼빈 역내에서 러시아 관헌에게 심문을 당하다가 오후 8, 9시경에 일본 영사관으로 넘겨지다.

10월 30일경, 하얼빈 일본 총영사관에서 미조부치 검사의 심문을 받기 시작하다.

11월 1일, 일본 헌병과 러시아 헌병의 감시하에 우덕순, 조도선, 유동하, 정대호, 김성옥 등 9인과 함께 뤼순 감옥으로 향하다. 11월 3일, 뤼순 감옥에 수감되다.

12월 2일 고무라 주타로 외상이 현지 파견 중인 구라치 데츠키치 정무국장을 통하여 '중형징죄'를 전보로 명령하고 나아가 고등법원장 히라이시 우지히토를 본국으로 소환해 '사형판결'을 위한 공판 개정을 다짐받는다.

12월 중순, 동생 정근, 공근이 뤼순 감옥으로 안중근을 면회오다. 국내에서 찾아온 두 동생을 차례로 만나 한국인 변호사를 청하고 천주교 신부에게 종부성사 받을 일들을 부탁하다. 자서전 『안응칠 역사』를 집필하기 시작하다.

1910년(32세) : 1월 31일~2월 1일경부터 일본의 검사와 옥리들의 심문 태도가 강압적으로 변하고 공판 개정일이 6~7일 뒤로 결정되었다고 통보하다. 또한 이미 허가한 한국인 변호사의 변호를 불허하고, 일본인 관선 변호사만이 허용된다는 사실을 통보하다.

1910년 2월 7일 오전 10시, 중국 뤼순 관동도독부 고등법원 제1호 법정에서 재판장 마나베 주조의 단독 심리하에 안중근, 우덕순, 조도선, 유동하 등 하얼빈 의거 관련자 4인에 대한 제1회 공판이 열리다. 안중근은 "3년전부터 대한의군 참모중장의 자격으로 이토 히로부미를 포살코자 했으며, 이 의거는 개인적인 원한이 아니라 한국의 독립과 동양 평화를 위해서 독립전쟁의 일환으로 결행한 것이다"라고 진술하다.

2월 8일 오전 11시, 제2회 공판이 속개되어 우덕순과 조도선에 대한 개별 심문이 행해지다. 우덕순은 하얼빈 의거에 참가한 이유를 "안중근은 의병으로서 한 일이겠으나 자신은 국민의 한 사람으로서 당연히 해야 할 일을 했을 뿐이다."라고 진술하다. 조도선은 정대호가 데리고 오기로 되어 있는 안중근의 가족을 마중 나갈 때 러시아어 통역을 도와주기 위해서 안중근과 채가구로 동행하였다고 진술하다.

2월 9일 오전 9시 50분, 제3회 공판이 개정되다. 먼저 유동하에 대한 개별 심문이 행해지다. 유동하는 안중근의 의거 의도를 몰랐다고 진술하다. 오후부터 재판장의 증거 취조가 이루어져 안중근이 이강에게 보내려던 편지와 안중근, 우덕순의 시가 러시아와 일본 관헌에 의해 밝혀진 사실들이 제시되다. 여기서 이토 히로부미의 죄악 15개조를 설명하다. 중도에 재판장에 의하여 중지당하다.

2월 10일 오전 9시 40분, 제4회 공판이 시작되다. 미조부치 검사로부터 안중근은 사형, 우덕순, 조도선은 징역 3년, 유동하는 징역 1년 6개월이 구형되다.

2월 12일 오전 9시 30분, 제5회 공판이 개정되다. 두 일본인 관선 변호사의 변론이 행해지다. 변론이 끝난 후 피고인들의 최후 진술에서 안중근은 일제의 침략적 간계를 규탄하면서 한국의 독립과 동양의 평화를 위하여 이토 히로부미를 제거했다고 진술하고 자신을 단순한 자객으로 취급하지 말고 전쟁 중에 잡힌 포로로 대접하여 마땅히 만국공법에 의하여 처리하라고 진술하다.

1910년 2월 14일 오전 10시, 제6회(최종 판결)이 개정되다. 재판장은 일본 형법을 적용시켜 안중근에게 사형, 우덕순에게 징역 3년, 조도선과 유동하에게는 각각 징역 1년 6개월을 선고하다. 이러한 선고를 받고도 안중근은 "이보다 더 극심한 형은 없느냐"고 말하면서 시종일관 의연한 자세를 취하다.

1910년 3월 8일, 한국에서 뤼순 감옥으로 빌렘 신부가 찾아오다. 다음 날인 9일부터 10일까지 빌렘 신부가 안중근 의사의 영생영락을 위하여 고해성사와 미사성제대례, 예수의 성체성혈을 받아 모시는 대예식을 행하다. 안중근은 이 미사 중에 직접 복사를 하고 성체를 받아 모시다. 이 때 감옥소의 일반 관리들도 함께 참례하다. 면회실에서 검사, 전옥, 통역, 간수장, 두 변호사 등이 입회하에 두 아우와 빌렘 신부를 면회하고 20분 동안 기도를 드린 후 동포에게 고하는 최후의 유언을 남기다.

1910년 3월 15일, 1909년 12월 13일부터 집필하기 시작한 자서전 『안응칠 역사』를 92일 만에 탈고하고, 『동양평화론』을 쓰기 시작하다. 한편 이 무렵부터 안중근은 한문 붓글씨로 된 많은 유작을 남기기 시작하다. 안중근이 갇혀 있는 감옥에 관계하던 많은 일본인들이 비단과 지필묵을 가지고 와서 기념 소장할 붓글씨를 써줄 것을 부탁하였기 때문이다.

1910년 3월 25일, 동생 정근과 공근을 마지막 면회하는 자리에서 모친과 부인, 숙부, 동생, 뮈텔 주교, 빌렘 신부 등에게 미리 써놓았던 6통의 유서를 전하다. 이보다 앞서 안병찬 변호사를 통해 동포에게 고하는 유언을 전달하다.

1910년 3월 26일, 뤼순 감옥에서 교수형이 집행되어 순국하다. 안중근은 전날 고향으로부터 보내온 조선옷으로 갈아입고 형장으로 나아가기 전에 약 10분간 무릎을 꿇고 기도하다. 임형 직전 마지막으로 유언을 묻는 검사의 물음에, "나의 의거는 동양 평화를 위해 결행한 것이므로 임형관리들도 앞으로 한일간에 화합하여 동양 평화에 이바지하기 바란다."고 하고 이 자리에서 함께 '동양 평화 만세'를 부를 것을 제기하자 반대하고 교수형을 집행, 안중근 의사는 의연하게 순국하다. 시신은 새로 송판으로 만든 침관에 안치된 후 뤼순 감옥 묘지에 임시 안장되다.

| 참고문헌 |

1. 단행본

· 강만길, 『한국근대사』, 창작과비평사, 1984

· 국가보훈처 · 광복회, 『21세기와 동양평화론』, 국가보훈처, 1995

· 국사편찬위원회, 『한국독립운동사』, 1999

· 김구, 『백범일지』, 2008

· 김삼웅, 『안중근 평전』, 시대의 창, 2008

· 박노연, 『안중근과 평화』, 을지출판공사, 2000

· 박은식, 『한국독립운동지혈사』, 서문당, 1979

· 박은식, 『안중근 전』, 1975

· 신용하, 『安重根의 思想과 義兵運動』, 『韓國獨立運動史研究』, 을유문화사, 1985

· 안중근의사숭모회, 『대한국인 안중근 학술연구지』, 안중근의사숭모회, 2005

· 안중근, 『안응칠 역사』, 1979

· 안중근의사숭모회, 『안중근 의사 자서전』, 안중근의사숭모회, 1979년

· 안중근, 『동양평화론』

· 국가보훈처, 『안중근전기전집』, 1999

· 윤병석 편저, 『大韓國人 安重根사진과 유묵』, 안중근의사기념관, 2001

· 윤병석, 『안중근전기전집』, 국가보훈처, 1999

· 이기웅, 『안중근 전쟁 끝나지 않았다』, 열화당, 2000

· 장석흥, 『安重根의 生涯와 救國運動』, 한국독립운동사연구소, 1992

· 정인상, 「안중근의 신앙과 윤리」, 『교회사 연구 16』, 한국교회사연구소, 2001

· 청취서, 『21세기와 동양평화론』, 광복회 · 국가보훈처, 1995

· 최이권 편역, 『애국충정 안중근 의사』, 법경출판사, 1990

· 한국교회사연구소, 『뮈텔문서』, 한국교회사연구소 소장

2. 논문

· 강종일, 「한반도 영세중립 통일방안 연구」, 『국제정치논총』, 제41집 1호, 2001
· 김갑득, 「안중근에 관한 일연구 : 국권회복운동과의 관련에서」, 이화여대 석사 학위 논문, 1975
· 반병률, 「시베리아 연해주 한인사회와 한인민족운동(1905~1911)」, 『한국근현대사 연구』, 1997
· 백기인, 「안중근 연구」, 한국정신문화연구원 한국학대학원 석사 학위 논문, 1994
· 유미애, 「안중근의 '동양 평화' 연구」, 국방대 석사 학위 논문, 2002
· 오태효, 「안중근의 교육사상 연구」, 중앙대 교육대학원 석사 학위 논문, 1999
· 신운용, 「안중근의 생애와 사상에 대한 일고」, 한국외국어대학교 대학원 석사 학위 논문, 1993
· 정인상, 「안중근의 신앙과 윤리」, 『교회사 연구16』, 한국교회사연구소, 2001
· 장석흥, 「안중근의 대일본 인식과 하얼빈 의거」, 1998
· 한규명, 「안중근의 평화사상 연구」, 공주대 교육대학원 석사 학위 논문, 2006
· 현광호, 「안중근의 동양평화론과 그 성격」, 『아세아연구』 제46호 3호, 2003

3. 신문사료

· 대한매일신보, 황성신문, 대한민보, 경향신문, 대동공보, 조선일보, 동아일보

4. 기타

· 인터넷, 위키백과, 두산동아

구국의 별, 평화의 횃불

안중근 평전

초판1쇄 발행 | 2016년 3월 20일
초판2쇄 인쇄 | 2018년 2월 10일

지은이 | 이창호
펴낸이 | 김진성
펴낸곳 | **벗나래**

편 집 | 김선우, 허 강
디자인 | 장재승
관 리 | 정보혜

출판등록 | 2012년 4월 23일 제2016-000007호
주자소 | 경기도 수원시 장안구 팔달로237번길 37, 303(영화동)
전 화 | 02-323-4421
팩 스 | 02-323-7753
이메일 | kjs9653@hotmail.com

ⓒ 이창호
값 15,000원
ISBN 978-89-97763-09-2 03990